中等职业学校教学用书

企业文化

Qiye Wenhua

（第三版）

王　涛　主编

高等教育出版社·北京

内容提要

企业文化是企业的核心竞争力，是企业管理的重要内容。

本书的内容包括：中职学校校园文化的价值取向；企业文化初识；企业文化的主体：企业员工；典型企业文化：旅游服务类企业；典型企业文化：连锁超市与物流企业；典型企业文化：家电制造企业与机械制造企业；典型企业文化：IT 与金融企业；走进企业共 8 个单元。本书配有数字化教学资源，以学习卡和二维码形式呈现，获取与使用方法详见"郑重声明"页。

本书以提高中等职业学校学生职业素养为目的，可作为教学用书，也可以作为农村劳动力转移培训教材或转岗再就业人员自学用书。

图书在版编目（ＣＩＰ）数据

企业文化／王涛主编. -- 3 版. -- 北京：高等教育出版社，2021.7（2024.3重印）

ISBN 978-7-04-055891-3

Ⅰ.①企… Ⅱ.①王… Ⅲ.①企业文化-中等专业学校-教材 Ⅳ.①F272-05

中国版本图书馆 CIP 数据核字（2021）第 044605 号

策划编辑	丁孝强	责任编辑 丁孝强	封面设计 王 琰	版式设计 杨 树
插图绘制	黄云燕	责任校对 窦丽娜	责任印制 赵 振	

出版发行	高等教育出版社	网　　址	http://www.hep.edu.cn
社　　址	北京市西城区德外大街 4 号		http://www.hep.com.cn
邮政编码	100120	网上订购	http://www.hepmall.com.cn
印　　刷	北京鑫海金澳胶印有限公司		http://www.hepmall.com
开　　本	889mm × 1194mm 1/16		http://www.hepmall.cn
印　　张	9	版　　次	2011 年 1 月第 1 版
字　　数	180 千字		2021 年 7 月第 3 版
购书热线	010-58581118	印　　次	2024 年 3 月第 3 次印刷
咨询电话	400-810-0598	定　　价	26.00 元

本书如有缺页、倒页、脱页等质量问题，请到所购图书销售部门联系调换

第三版前言

　　企业文化是企业的核心竞争力，是企业管理的重要内容。21世纪是一个文化大融合的世纪。有专家断言："未来的发展，得文化者得天下。"领悟了文化的真谛，大可治国，中可治企，小可治家。企业是有形的，企业文化是无形的，但是这无形的企业文化决定着企业未来的前途和成长空间。企业文化是在一定的社会历史条件下，企业生产经营和管理活动中所创造的，具有该企业特色的精神财富和物质形态。本书案例丰富、内容充实，在阐述理论的同时还穿插了大量的案例，通过"做中学"板块突出本课程的实用性，不仅加深了对于理论的理解，还增强了内容的趣味性。理论与案例的相互印证，避免了理论讲述的空洞性及模糊感，使无形的企业文化管理有章可循、有据可依。

　　《企业文化》第二版于2014年出版以来，受到广大师生的欢迎。为了继续向广大读者呈现出企业文化的传承与发展，由武汉供销商业学校王涛校长组织相关参编人员，对《企业文化》第二版做了相应修订工作。本次修订过程中，除了对部分案例进行更新、补充以外，对原内容、概念描述有变化的地方也进行了改正。

　　本书共分8个单元，建议总学时数42学时。学时分配建议如下：

单元	目录	学时
第1单元	中职学校校园文化的价值取向	6
第2单元	企业文化初识	6
第3单元	企业文化的主体：企业员工	4
第4单元	典型企业文化：旅游服务类企业	4
第5单元	典型企业文化：连锁超市与物流企业	4
第6单元	典型企业文化：家电制造企业与机械制造企业	6
第7单元	典型企业文化：IT与金融企业	6
第8单元	走进企业	6
合计		42

　　本次修订过程中，参加修订的有：武汉市供销商业学校王涛、魏瑾，由王涛担任主编，魏瑾担任副主编，全书由王涛统稿。

　　由于编者水平有限，书中不足和疏漏之处，敬请广大读者批评、指正。读者意见反馈信箱：zz_dzyj@ pub.hep.cn。

编者

2020 年 11 月

第一版前言

目前，中等职业学校（以下简称"中职学校"）的毕业生初次就业率普遍很高，但是就业质量不高，在一年之内的离职率也较高。其原因在于，中职学校毕业生到企业之后，往往习惯从学生的视角，而不是从员工的视角看企业环境和企业对员工的要求，不习惯企业的管理方法和企业文化，导致就业磨合期过长。由于中职学校毕业生在向职业人转化过程中缺乏应有的、足够的准备，不少中职学校毕业生在较短时间内选择了离开企业或被企业淘汰。

作为中职学校的毕业生，如何主动去适应未来企业的环境？笔者认为，中职学校毕业生应该在在校期间为其将来的职业生涯奠定一个坚实的基础。

要想帮助中职学校毕业生成功地向职业人转变，就必须创新育人环境，使校园文化与企业文化对接，提前在校加强"企业文化"培训，使之学会多从职业人的角度而少从学生的视角来看校园环境，多按"职业人"的要求进行历练，走出误区。本书的目的就是为此提供帮助。

本书共分七个单元，建议总学时数 36 学时，每周 2 学时。

单元	目　　录	学时
第 1 单元	中职学校校园文化的价值取向	6
第 2 单元	企业文化初识	6
第 3 单元	企业文化的主体：企业员工	4
第 4 单元	典型企业文化：旅游服务类企业	4
第 5 单元	典型企业文化：连锁超市与物流企业	4
第 6 单元	典型企业文化：家电制造企业与机械制造企业	6
第 7 单元	走进企业	6
合　　计		36

本书由彭纯宪主编，参加编写的有：武汉市财贸学校彭纯宪（第 1 单元）、武汉市财政学校柳胜辉（第 2 单元）、天津市财经职业中专马明（第 3 单元）、秦皇岛市中等专业

学校赵丽宏、江瑞、关丽颖（第 4 单元）、武汉市供销商业学校熊莉、魏瑾（第 5 单元）、成都市财贸职业高级中学何毓颖、周秀娟（第 6 单元）、武汉市第一职业教育中心张欣盛、林习清（第 7 单元），全书由彭纯宪统稿。

特别感谢武汉市德发电子信息有限公司董事长兼总经理黄进担任主审，对全书进行了详细审阅，提出了许多宝贵的修改意见。本书还得到以下单位的大力支持：武汉市教育科学院职成教教研室、武汉市财贸学校、武汉市财政学校、天津市财经职业中专、秦皇岛市中等专业学校、武汉市供销商业学校、成都市财贸职业高级中学、武汉市第一职业教育中心。在此一并表示衷心的感谢！

由于时间仓促，加之作者的水平有限，书中缺点、错误在所难免，恳请广大师生及读者批评指正。读者意见反馈信箱：zz_dzyj@ pub.hep.cn。

编　者
2010 年 10 月

目录

第 **1** 单元　中职学校校园文化的价值取向

单元导读

中职学校校园文化带有浓厚的"职业"色彩，具有开放性、职业性、实践性的突出特点。

目前，一些中职学校的学生（以下简称中职生）进入职场后总是与企业的文化格格不入。

中职生如果在校期间就按照企业对员工的标准要求自己，自觉地把融入校园文化作为将来融入企业文化的历练，把适应校园环境看成是将来适应企业环境的"演习"，就会为缩短中职生过渡到职业人的磨合期提前做好积累，为自己的职业生涯奠定一个坚实的基础。

本单元重点介绍两个主题：中职学校校园文化概述，中职生的职业生涯。

学习目标

通过本单元的学习，你能够：

- 列举中职学校校园文化的特点。
- 复述中职学校校园文化的价值取向。
- 描述中职学校校园文化的构成。
- 描述中职生的成长路线图。
- 列举做一名合格的中职生、准职业人和职业人的不同要求。
- 独立或合作完成四项活动。

主题 1.1　中职学校校园文化概述

世界上一切资源都可能枯竭，只有一种资源可以生生不息，那就是文化。企业文化的实质就是员工的行为文化。

做中学　　请你仔细观察一下，校园文化反映在校园环境里或教室里，与你原来的学校有哪些不一样的地方，将本校校园文化的特点填在表 1-1 中。

表 1-1　本校校园文化特点一览表

地点	体现中职学校（本校）校园文化特点的简单描述
教室里	
校园里	

1.1.1　中职学校校园文化的含义和特点

1. 什么是校园文化

校园文化的含义　　广义的校园文化是指校园生活方式的总和，其主体包括生活在校园内的学生、教师和行政人员三大群体，其主要内容包括物质文化、精神文化、校园氛围以及活动方式。狭义的校园文化是指学校精神文化，是在学校发展过程中形成的，反映着师生在生活方式、价值取向、思维方式和行为规范上有别于其他社会群体的一种团体意识和精神氛围。也就是说，校园文化是以学生为主体，以校园为主要空间，以校园精神为主要特征的一种群体文化。校园文化也是整个社会文化的一个重要组成部分，是社会文化在学校中的具体化。

中职学校的校园文化是为了实现其培养目标，根据自身的办学特点，通过各种教育教学活动创造出来的一种与企业、社会甚至时代都密切相关而又具有校园特色的人文氛围、校园精神和生存环境的文化。中职学校校园文化的形成过程是一个内化的过程，是群体共同创造和形成的校园精神风貌和文化气氛，是一个学校精神风貌和个性特征的集中体现，需要全体师生员工的认同和外界的认可。优秀的中职学校校园文化是一个历史积累的过程，是一个需要主动建设营造的过程。

校园文化的作用　　校园文化是一种无形的却实实在在存在着的，又发挥着巨大作用的共同理念或价值观。校园文化是学校在长期的办学实践中积淀和提炼的，具有渗透性和传承性。

所谓渗透性，是指校园文化像和煦的春风一样，飘散在校园的各个角落，将社会文化和民族优秀文化渗透在教师、学生、员工的观念、言行、举止之中，渗透在他们的教学、读书、做事的态度和情感中，润物细无声。校园文化是创造一种文化氛围去感染和陶冶校园中的每一个人，是起着潜移默化、重大约束和陶冶作用的文化。

所谓传承性，是指校园文化的核心价值观，如校风、教风、学风、专业传统、技术传统、思维方式，会代代相传，相沿成习。任何一种校园文化，一经形成必然会传承下去。这就是校园文化的精髓，是其特色所在，而且这种核心价值观还会对社会产生重大影响。

校园文化是学校赖以生存与发展的根基和血脉，是教育的精髓和灵魂。

2. 中职学校校园文化的特点

中职学校的基本任务是培养"高素质劳动者和技能型人才"，因此，人才培养的方式既要遵循职业教育自身发展规律和人才成长规律，又要遵循市场经济规律。

中职教育是与普通教育不同的类型教育，中职学校的培养目标和人才培养方式从根本上决定了中职学校的校园文化有其自身的特点。不同的中职学校因专业不同而有不同的校园文化特色，如机械制造类专业学校强调规范与严谨，大多会形成注重操作规范和精益求精的"质量安全文化"；信息类专业学校更关注个性与创新意识的培养，个性鲜明的"信息创新文化"痕迹无处不在；服务类专业学校重视行为与礼节，会自然形成颇具特色的"服务礼仪文化"。中职学校作为"学校"，其校园文化与其他各类学校具有共通性，但也有其自身的特点，最突出的是开放性、职业性、实践性三大特点（见图1-1）。

中职教育不仅要教会学生专业技能，还要提升学生适应社会、适应企业的能力。中职学校校园文化的生命力正在于它的开放性。

图 1-1 中职学校校园文化的主要特点

学校只有不断地继承、创新、吐故纳新、开拓进取，才能培养出企业需要的技能型人才。如果学校闭门造车、故步自封，脱离社会和企业，培养出来的毕业生就会"积压滞销"。当今，坚持校企合作、工学结合、顶岗实习等校企合作培养人才的理念，正日益成为中职学校校园文化开放性的突出特点。如在有的学校能见到将企业引进校园、将岗位引进课堂、上学即上班、上课即上岗等现象，就体现了开放性的特点。

中职学校的基本任务决定了校园文化必然要体现"职业"的特点。一所特色鲜明的中职学校，其校园文化应彰显其职业性，甚至是专业性的特点。让来到学校的人不用问，只要在校园里转一转，就知道这是什么类型的学校，是培养什么层次人才的基地。如到学校见到"练一手好字，记一本好账"等校训，就知道这是一所培养财会人员的专门学校。

实践性　中职学校要完成培养"高素质劳动者和技能型人才"的基本任务。其培养的方式要与社会、行业、企业紧密接轨；培养的途径是要在校内设置实训场所，在校外有生产实习基地；师资队伍中既要有校内实训指导师，还要有校外生产带班师傅。总之，突出实践性教学是构成中职学校校园文化的一个重要特点，实践性特点要求教学过程贴近生产过程。

综上所述，中职学校的校园文化的特点凸显了"产业文化进校园，企业文化进课堂"的理念。

1.1.2　中职学校校园文化的价值取向和构成

1. 中职学校校园文化的价值取向

中职学校校园文化的价值取向是落实好立德树人根本任务，健全德技并修、工学结合的育人机制，以提高学生专业技能和职业素养为主线，以师生为主体的校企共建为抓手，以坚持贴近社会、贴近职业、贴近学生为原则，以融入行业或企业文化为特征。

优秀的中职学校校园文化可以让学生在校期间就感受到企业的核心价值理念，尤其是优秀企业的核心价值理念，使学生在精神上与企业价值共守、情感共通。虽然中职学校的校园文化与企业的文化是两种不同的文化形式，但中职学校校园文化的价值取向决定了校企之间文化的互融、互动、互惠，而且正在逐渐成为校企合作的新趋势。中职学校的校园文化建设过程，实质上就是把社会主义核心价值体系融入职业教育人才培养的过程，并渗透于学校活动的各个环节，表现在学校师生员工言行之中的过程。

2. 中职学校校园文化的构成

中职学校的校园文化类似于一个包含三个层次的同心圆，它由外表层、中间层和核心层构成，如图 1-2 所示。

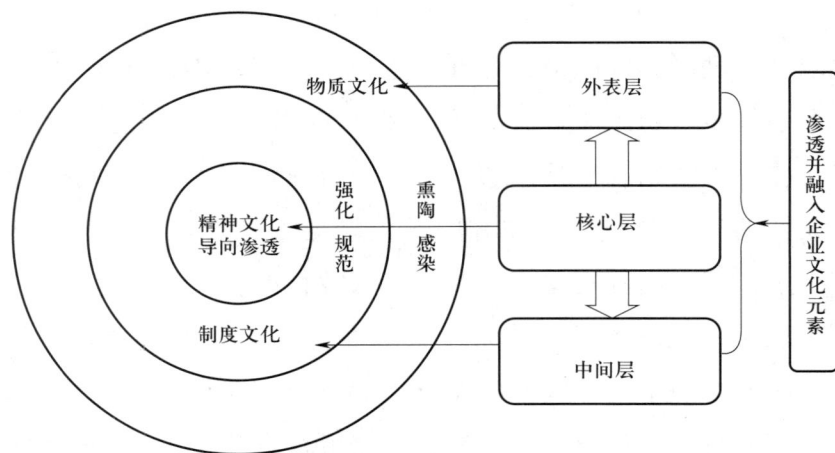

图 1-2　中职学校校园文化的构成

校园文化 核心层	校园文化的核心层即校园的精神文化，是校园文化的灵魂所在，主要包括学校精神、办学理念、管理思想、组织目标，师生的世界观、人生观、价值观，以及对社会发展的影响力等。这一层次是中职学校校园文化的精神导

向层面，它渗透并决定和影响着中间层和外表层，具有一种隐性的作用。

校园文化 中间层	校园文化的中间层即校园的制度文化，是校园公共规范文化，主要包括学校的各类规章制度、校规和校纪、学生守则、惯例和人际交往行为准则等。这一层次是执行层面，既有隐性的作用也有显性的作用，在培养"高

素质劳动者和技能型人才"方面具有强制性和规范性；对于提高学校办学质量，凸显学校特色或专业特色，提高学生职业素养，养成良好的行为习惯，具有决定性作用，也是校园文化的生命力所在。

校园文化 外表层	校园文化的外表层即校园的物质文化，亦称文化载体，包括学校开展正常教学活动的物质条件和活动成果。物质条件指校园主体建筑、教学设施设备、宣传设施。活动成果指师生作品、行为方式和心态表现。这一层次主要

是外显部分，能体现学校特色或专业特色，起到熏陶、感染、提高人文素养的作用。

综上所述，中职学校的校园文化既是隐性的，又是显性的；既是抽象的，又是具体的。而且，各层次都渗透并融入了企业文化元素。可以说，中职学校校园文化的最大特点就是处处渗透着企业元素或职业元素。

1.1.3 中职学校校园文化的基础——班级文化

1. 班级文化的含义

班级是学校行政体系中最基层的行政组织，是学校教育教学活动的基本单位。班级文化是校园文化的基础，是构成校园文化的重要组成部分。相对于校园文化而言，首先，班级文化是一种更具个性化的文化，代表着班级的形象，体现了班级的特点；其次，

> **看一看**：在我们的教室里，有哪些物品能体现专业特色？
> **想一想**：我们班级文化的特色是什么？

班级文化是班级全体师生共同创造的财富、共同劳动的成果；最后，班级文化是一个动态的、发展的系统工程，它的主体是学生。班级文化是一个班级的灵魂，是每个班级所特有的。

如同一家优秀的企业拥有自己优秀的企业文化，一所优秀的学校也拥有自己优秀的校园文化，一个优秀的班级也会形成自己优秀的班级文化。中职学校的班级文化只有渗透和融入专业或行业的文化元素，才能彰显专业特点，才能更有利于学生职业素质的培养。

2. 班级文化的构成

如同前面介绍的校园文化构成一样，班级文化也是由类似于一个包含三个层次的同心

圆构成的，如图 1-3 所示。

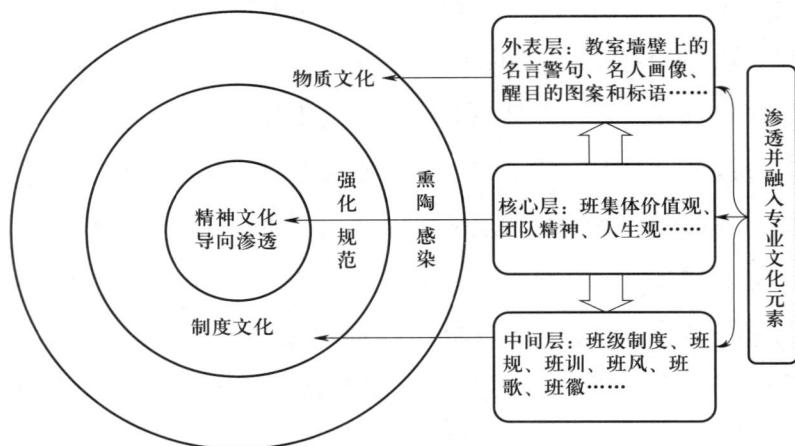

图 1-3 中职学校班级文化的构成

班级整体形象的优劣最终将取决于班级"软文化"环境是否健康，其中，班风和班规是重要组成部分。班风只是不成规章的标语，是无声的命令；而班规则是具体的行为准则。班风最终要靠班规来保障。班规重在提倡学生自觉约束自己的言行举止，抵制和排除不符合班级利益的各种行为，相当于把自己当作企业员工来磨炼。

班级文化建设过程就是一个以班集体价值观、团队精神、人生观为导向引起学生行为内化并互相作用的过程，班级文化也是学生心灵的栖居地。

3. 班规

企业文化是一种责任文化，要求每名员工具有责任感和团队精神，而团队精神是企业文化的核心。同样，团队精神也是班级文化的核心。在班级文化建设中，要按企业对员工的要求来制定班规。

> 议一议：我们的班规中，哪几条体现了成员责任？哪几条体现了团队精神？

所谓班规，是师生共同制定的，用以规范、约束和引导每一位班级成员的班级习惯和规则。中职学校的班规可以结合专业特点来制定，常见的班规条例有：

（1）服务同学就是服务客户。

（2）崇尚技能从爱护工具开始。

（3）对学习负责就是对自己负责。

（4）打扫卫生是工作的开始。

（5）积极行动才有意义。

（6）态度决定一切。

（7）细节决定成败。

（8）关键时刻不掉链子。

（9）团队利益高于一切。

（10）差不多就是差得多。

（11）做事就要做到最好。

（12）善始善终。

班规是全体班级成员共同遵守的班级公约，班规就是班级的"法"，一旦制定完成就必须共同遵守。好的班规能促使每一位成员都承担自己的责任和义务，共同实现目标，共同分享荣誉，打造强大的凝聚力。

阅读材料

某军校的22条军规

军规1：无条件执行。　　　　　　　军规2：工作无借口。

军规3：细节决定成败。　　　　　　军规4：榜样的力量。

军规5：荣誉原则。　　　　　　　　军规6：受人欢迎。

军规7：善于合作。　　　　　　　　军规8：团队精神。

军规9：只有第一。　　　　　　　　军规10：敢于冒险。

军规11：火一般的热情。　　　　　　军规12：不断提升自己。

军规13：勇敢者的游戏。　　　　　　军规14：全力以赴。

军规15：尽职尽责。　　　　　　　　军规16：没有不可能。

军规17：永不放弃。　　　　　　　　军规18：敬业为魂。

军规19：为自己奋斗。　　　　　　　军规20：理念至上。

军规21：自动自发。　　　　　　　　军规22：立即行动。

体验活动

活动1：观察本校校园文化的特色

【目的】

通过观察和收集本校校园文化中渗透着的企业文化元素的内容，加深对中职学校校园特色文化的理解。通过小组合作，培养团队精神。

【要求】

1. 学生每4~6人一组，结合本校实际完成表1-2的填写，然后在班上交流。

2. 填写的内容要具体，要能体现校园文化元素。

3. 按表1-3的小组评价规程（标准）在空白处打分。本能力训练的时限由教师规定，评出超级小组和出色小组。

表 1-2   本校校园文化的特色

项目	描述
精神层面	
制度层面	
物质层面	

表 1-3   校园文化特色完成情况评价表

评价项目		分值	小组自评	教师评价	小组评价规程（标准）
内容评价（50%）	精神层面的校园文化元素	15			三项内容列举 5 点以上为满分，其他分别视情况打分
	制度层面的校园文化元素	15			
	物质层面的校园文化元素	20			
合作评价（50%）	小组多半时间合作得好	15			合作得好的时间和合作得好的成员过半为满分，时限内完成任务为满分，其他分别视情况打分
	小组成员多数合作得好	15			
	小组在时限之内完成任务	20			
合计		100			

活动 2：我为班级文化建言献策

【目的】

学生通过参与班级文化建设的创意活动，养成将个人融入集体的意识；通过采用头脑风暴法，展示个人和小组的智慧与贡献，培养团队意识和责任意识。

【要求】

结合本班的专业特点，提出加强班级文化建设的设想或建议，完成表 1-4 的任务，内容最好能体现出专业特色和校园文化元素。表格不够可以另外附纸或写到练习本上。

【方法】

第一步，提出自己的个人设想或建议；第二步，学生每 4~6 人一组深入交流、探究；第三步，集思广益，形成小组最后建议；第四步，将小组完成的"加强班级文化建设的建议"在班上进行交流。

表 1-4　加强班级文化建设的建议

小组名：

项目	要点提示	具体内容
设计班级标志		
班集体核心价值观	不超过 20 个字	
制定班规	具体、便于执行	
教室文化	墙面布置黑板报	

对本次活动情况进行分析、评分，将分数填入表1-5中。

表1-5　班级文化建议完成情况分析评价表

	评价项目	分值	小组自评	教师评价	小组评价规程（标准）
内容评价（50%）	设计班级标志	10			只要是自己创意就行
	班集体核心价值观	15			规定字数内、有特色
	制定班规	15			符合班级特点5条以上
	教室文化	10			内容具体，有图示
合作评价（50%）	小组多半时间合作得好	15			合作得好的时间和合作得好的成员过半为满分，时限内完成任务为满分，其他分别视情况打分
	小组成员多数合作得好	15			
	小组在时限之内完成任务	20			
	合计	100			

主题1.2　中职生的职业生涯

做中学　　表1-6是两种冰箱产品的广告（说明书），如果你家正好考虑要购买一台电冰箱，那么在你仔细阅读两种冰箱的资料后，会建议家里购买哪一种？

表1-6　两种冰箱的资料对比

项目	A产品（超级冰箱）	B产品（迷你冰箱）
颜色	红、白、蓝、黄4种颜色	绿、白、蓝、黄4种颜色
产品尺寸（深×宽×高）	63 cm×79 cm×180 cm	53 cm×47 cm×85 cm
容量	388 L	86 L
功能	四门对开，冷冻冷藏分开，超大容量，速冻保鲜，独立空间不串味，遇到电压不稳可自动断电	双门小冰箱，冷冻冷藏分开，静音，省电，速冻保鲜，遇到电压不稳可自动断电
温度	最低制冷温度-24 ℃	最低制冷温度-18 ℃
售价	3 900元	900元

请问：你选择A ＿＿＿＿还是B ＿＿＿？（在空白处打"√"）

在表 1-6 两种冰箱的资料对比基础上，再增加表 1-7 的资料。

表 1-7 两种冰箱的资料对比

项目	A 产品（超级冰箱）	B 产品（迷你冰箱）
服务	1. 保修 5 年，24 小时热线电话接听 2. 顾客购买冰箱后发现商店销售员夸大了冰箱的功能，可以立即退货 3. 一旦冰箱发生故障，维修人员会在 8 小时内赶到现场 4. 所有维修人员均受过专业训练，他们必须在 3 小时内解决问题，否则顾客可以自由退货 5. 对维修人员的服务不满意，可直接通过电话热线投诉	1. 保修 5 年 2. 冰箱一旦售出，若无明显质量问题，概不接受退货

请问：增添了服务的内容后，你又会重新选择 A ____ 还是 B ____？（在空白处打"√"）如果你改变选择的话，为什么？这项活动对我们有什么启发？

1.2.1 中职生成长路线图

中职学校是培养职业人的专门基地，当你初中毕业进入中职学校后，你就步入了个人职业生涯发展的新阶段。

> **阅读材料**
>
> 萨柏（Donald E. Super）是美国一位有代表性的职业管理学家。萨柏的职业生涯发展阶段理论是一种纵向职业指导理论，重点对个人的职业倾向和职业选择过程本身进行研究。萨柏将人生职业生涯发展划分为五个阶段，即成长阶段（0~14 岁）、探索阶段（15~24 岁）、建立阶段（25~44 岁）、维持阶段（45~64 岁）和衰退阶段（65 岁以上）。在探索阶段又分试验期、过渡期、尝试期。在建立阶段分为稳定期和建立期。

依据萨柏理论，中职生在校学习期间，正好处在职业生涯发展的探索阶段（15~24 岁），其主要任务是通过学校学习进行自我考察、角色鉴定和职业探索，完成择业及初步就业。探索阶段具体又可分为三个时期，如表 1-8 所示。

表 1-8 各人职业生涯发展探索阶段（15~24 岁）的三个时期

时期	主要任务描述
试验期（15~17 岁）	综合认识和考虑自己的兴趣、能力与职业社会价值、就业机会，开始进行择业准备与尝试

续表

时期	主要任务描述
过渡期（18~21 岁）	正式进入职业生涯，或者进行专门的职业培训，明确某种职业倾向
尝试期（22~24 岁）	选定工作领域，开始从事某种职业，对职业发展目标的可行性进行实验

萨柏的个人职业生涯发展如图 1-4 所示。

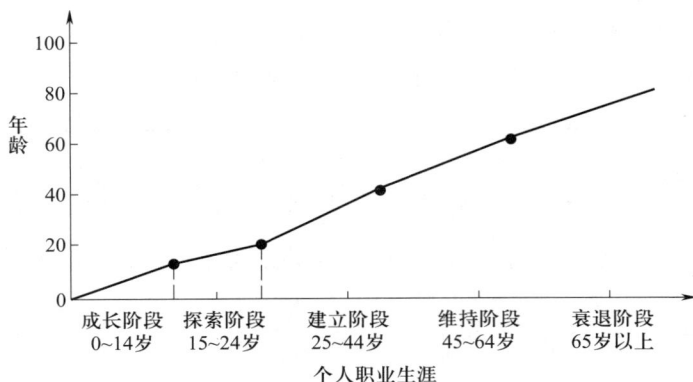

图 1-4   萨柏的个人职业生涯发展阶段

中职生成长（职业生涯）路线如图 1-5 所示。

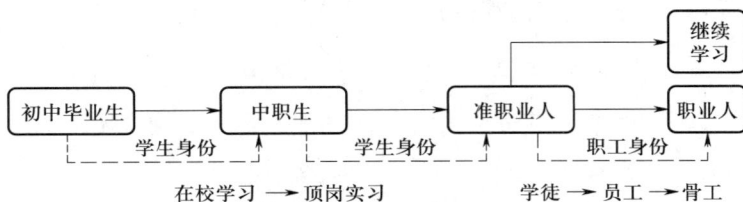

图 1-5   中职生成长（职业生涯）路线

一般来说，进入中职学校的初中毕业生大致要经历三个阶段：第一阶段要完成从初中毕业生到中职生的转变；第二阶段要完成从中职生到准职业人的转变；第三阶段要完成从准职业人到职业人的转变（此处不研究继续学习问题）。中职生的成长过程实际上是以初中毕业生→中职生→准职业人→职业人的路径为主线，以跨入职业化的校园文化环境为起点，以形成职业人应具备的专业素养、职业行为规范和职业技能为核心的个人职业生涯发展的重要阶段。

在中职生成长（职业生涯）路线图中，有必要弄清楚三种身份不同的特点，即中职生、准职业人、职业人的区别和联系。

1.2.2 做一名合格的中职生

1. 中职生的特点

中职生与普通高中生的最大区别是：三年后他们中的多数人要直接踏入社会，走上工作岗位。这一特定的发展目标从中职生跨入中职学校的校门开始，就已经十分明确了。即使他们中的有些人会升学，也只是在本行业进行更深入的学习。在这个特定目标的导引下，中职生在读的三年中需要从自然人变为社会人，从学生变为职业人。职业教育对于中职生来说，其意义是：

第一，通过在校的系统学习，全面掌握相关的专业知识和专业技能。

第二，通过校园文化的熏陶，强化职业意识，提高职业素养。

第三，通过在校的训练实践，为以后创业和就业打下坚实的基础。

2. 如何做一名合格的中职生

进入中职学校后，学生刚开始会有许多不适应，因为环境变了，学习内容变了，校纪校规有了新的要求等。那么，如何尽快从一个普通学生向中职生角色转换？

学会做人 做一个品行端正的中职生。所谓品行端正，就意味着你必须是一个具有高尚道德情操、积极进取、心理健康的人，是一个恪守秩序、行为规范的人，是一个热爱生活、富有理想的人。这其实就是我们常说的"德"，成才先做人，做人先修德。所不同的是，对中职生而言，这个"德"字，增加了以"诚信、敬业"为重点的职业道德要求。

不会做人的人，往往缺乏对别人的尊重、宽容、理解和关爱。中职生要想使自己的职业生涯充满阳光，就要克服人性的弱点，包括自私、攀比、欺瞒、奢侈、傲慢、懒惰、冷漠、嫉妒、残忍、背信弃义、玩忽职守等，因为这些弱点会阻碍我们走向完美的人生；要培养自己严格、严谨、虚心、淡泊、客观、自律、克制、坚毅等心理品质。有人比喻：自私、自我和自大是压抑自己内心的"三座大山"，搬走"三座大山"，你就会感受到自己与自己内心的和谐、自己与他人的和谐、自己与集体的和谐。

中职生在校期间，要通过做到"四自"——生活自理、学习自主、行为自律、人格自尊，来修炼内心；同时还要从礼貌、语言、仪容、仪表、仪态等来塑造外表，按企业对员工的要求来提高自己的职业能力和职业素养，为将来更好地融入企业奠定坚实的基础。

学会求知 做一个刻苦求知的中职生。企业之间的竞争是人才的竞争，所以，一个企业的核心竞争力是人才，而人才的核心竞争力是学习力。懒惰是提高学习力的最大障碍。如果只想休闲、安逸，不动脑筋，不下功夫，就不能改变自己、战胜自己。人类最大的敌人不是别人，而是自己。入学之初，绝大部分学生对所学专业、行业及其发展现状几乎一无所知。要想使自己将来有好的发展，就要学会做一个刻苦求知、苦练技能的中职生。

钓鱼竿的故事

阅读材料

有个老人在河边钓鱼，一个小孩走过去看他钓鱼。老人技巧纯熟，所以没多久就钓上满篓的鱼。老人见小孩很可爱，要把整篓的鱼送给他，小孩摇摇头。老人惊异地问道："为何不要？"小孩回答："我想要您手中的钓鱼竿。"老人问："你要钓鱼竿做什么？"小孩说："这篓鱼没多久就吃完了，要是我有了钓鱼竿，我就可以自己钓，一辈子也吃不完。"

也许你一定会说：小孩太聪明了！错了，他如果只要钓鱼竿，他照样一条鱼也吃不到，因为他不懂钓鱼的技巧。光有鱼竿是没用的，因为钓鱼重要的不在"钓鱼竿"，而在"钓鱼的技术"。

在现实生活中，有太多人认为自己拥有了人生道路上的"钓鱼竿"，就会有吃不完的"鱼"，因此，难免会愿望落空。就像小孩看老人，以为只要有钓鱼竿就有吃不完的鱼；就像职员看老板，以为只要坐在办公室，就有滚滚而来的财富……其实不然，在这成功的背后，离不开相应的专业技能。

学会做事　做一个有责任心的中职生。作为一名中职学生，既然选择了接受职业教育这一条路，就必须坚定地走下去，并为之求索、奋斗。必须从简单的事情做起，从细微之处入手，认真做好每个细节。在校期间，对班级、学校要求的每一件事情，哪怕最简单、最平凡的事情，也要一丝不苟地完成。这就是职业人做事最重要的品质：高度的责任心和不折不扣的执行力。所以，中职生一定要记住，要做一名合格的中职生，不管学什么专业，无论干什么事，关键是要持之以恒，脚踏实地，有责任感，有执行力。

学会合作　做一个善于共事的中职生。人是社会的人，任何人都不可能离群索居，现代社会越来越强调人与人之间的合作来促进社会和个体自身的发展。作为一个社会人，不仅要学会与喜欢的人合作，还要学会与不同的人合作，甚至是与不喜欢的人合作。合作的核心是双赢原则，共同进步。国与国之间、组织与组织之间、人与人之间，概莫能外。合作才能发展，尊重赢得信任。

团队精神是企业文化的核心。实践证明，一个成功的团队，可以造就无数成功的个人。没有完美的个人，只有完美的团队。成功的团队没有失败者，失败的团队没有成功者。因此，要想在未来的工作团队中开心快乐，要想在未来融入企业文化环境中以避免格格不入，就必须从今天开始学会与他人合作，而不要成为独行侠。对一个中职生来说，学会合作就必须学会接受老师科学的指导和同学们善意的帮助，就必须把自己融入班级和学校的大集体当中去，就必须与他人建立起和睦相处的融洽关系。

说话做事应遵循四条基本原则：如果对自己和别人都有利的事，尽量去做；对自己和别人都没有利的事，一定不做；对自己有利而对别人有害的事，最好不做；对自己有害而对别人有利的事，必要时还要去做。

1.2.3 做一名准职业人

1. 什么是准职业人

所谓准职业人，是指按照企业对员工的标准要求自己，初步具备职业人的基本素质，能够适应在企业的发展，即将要进入企业的人。不同的企业对员工有不同的要求，但企业在人才理念和用人标准方面也有一些共识。

> 企业的人才理念：有德有才是正品，有德无才是次品，无德有才是毒品，无德无才是废品。
>
> 企业的用人标准：有德有才重点使用，有德无才培养使用，无德有才限制录用，无德无才坚决不用。

了解企业的人才理念和企业的用人标准，对于中职生来说具有十分重要的意义。换句话讲，中职生不仅要重视专业知识和专业技能的提高，还要重视自身职业素质的提高和良好职业道德的养成。这样，中职生才能尽快转变为准职业人，将来才能更好、更快地融入企业，服务企业。

2. 准职业人成长途径

如何才能成为准职业人？准职业人成长途径有两个重要方面：

提升职业素养是首位 中职生要成为一个职业人，首先要提升职业素养。因此，从新生入学开始，就要把自己的学习目标与企业的用人标准对接，按照企业对员工的标准要求自己，强化职业人的角色意识，在融入校园文化和班级文化中历练自己。

职业素养教育是一种养成教育，中职生要像重视专业知识和专业技能的显性素养那样重视隐性素养的提升，以成为有"魂"（优秀职业素养）的准职业人。提升职业素养不是"讲"出来的，而是在实践活动中提升，在学习过程中积累，在潜移默化中养成的。因此，平时要积极参加团队素质训练、模拟职业面试、技术创新竞赛、创业竞赛等活动，自觉融入学校"学技能、练技能"的学习氛围中，培养自己拥有积极的职业心态、高尚的职业道德、良好的职业习惯、优雅的职业礼仪，让自己在校园文化的潜移默化中接近并达到企业员工职业素养的要求。

增强实践能力是重点　在校期间按职业人要求自己，强化职业意识和习惯，提高职业竞争力；通过项目、工作室式的实战，以及顶岗实习的热身，实现与用人单位或职业岗位的零距离接触，这有利于毕业生尽快适应企业环境，缩短与职业人的差距。其中，顶岗实习是历练自己的最佳机会。

顶岗实习是指学校根据专业培养目标的要求，有目的、有计划地安排学生直接到企业生产、服务的第一线参加实践的教学活动。

总之，在校期间，中职生一方面要通过各种可能的途径来不断提升自己的专业能力；另一方面应时刻不忘准职业人的身份，积极参加社会实践。经过三年，让自己脱胎换骨，成为一名合格的职业人，提高就业与创业能力。成人、成才、成功的路就在自己脚下！

1.2.4　向职业人蜕变

1. 什么是职业人

所谓职业，是指从业人员为获取主要生活来源而从事的社会性工作类别。职业需同时具备五个基本特征（见表 1-9）。

表 1-9　职业的基本特征

职业特征	职业特征的描述
目的性	职业以获得现金或实物等报酬为目的
社会性	职业是从业人员在特定社会生活环境中所从事的一种与其他社会成员相互关联、相互服务的社会活动
稳定性	职业在一定的历史时期内形成，并具有较长的生命周期
规范性	职业必须符合国家法律和社会道德规范
群体性	职业必须具有一定的从业人数

所谓职业人，就是指参与社会分工，自身具备一定的专业知识、技能和素质，并能够通过为社会（企业）创造物质财富和精神财富而获得其合理报酬，在满足自我精神和物质需求的同时，实现自我价值最大化的一类人群。职业人应具有完善的专业能力和良好的职业心态，对自己的工作和所工作的行业有职业敏感度和知识广度，是一群"干什么就像什么"的人。他们善于做专业的事、专业地做事，尽职尽责。职业人是经营自己的人，

即是懂得为自己创造美好生活的人。

"不职业"的人通常有如下现象：他们认为自己不被领导重视、不被同事尊重，难有施展才能的空间；他们总是埋怨、自责、猜疑，带着情绪或心理负担工作成为一种习惯，时常有意或无意地伤害着踏实工作的同事；他们偷懒，总是抱怨但又不正面提出自己的意见，总是采用一些方式来对抗公司的政策；他们对同事爱鸡蛋里头挑骨头；他们工作上缺乏自己的思路和努力的方向，对自己的定位不明确，骄傲自大等。

2. 如何学做职业人

鹰的蜕变　所谓蜕，是指蝉或蛇等脱下来的皮；所谓变，是指性质状态或情形与以前不同。蜕变是指事物本质上的变化。例如，鹰为了适应环境，为了能让自己多活 30 年，为了能让自己生活得更好，经历了艰难的蜕变过程。

蜕变

中职生要完成从学生到职业人的转变，必然要改变许多固有的习惯。这是一个艰难的、有时甚至是痛苦的过程。虽然蜕变的过程总是伴随着痛苦和挣扎，但经历痛苦和挣扎之后，成长就会在不经意间悄然而至。这就像鹰一样需要经历艰苦的蜕变后，才会飞得更高、更远……

鹰之重生

鹰的蜕变

阅读材料

鹰是世界上最长寿的鸟类之一，它的寿命可达七十多岁。但要活那么长的寿命，它在 40 岁左右时，必须做出艰难却重要的决定！因为当鹰活到 40 岁左右时，它的爪子开始老化，无法有效地抓住猎物；它的喙变得又长又弯，几乎碰到胸膛；它的翅膀变得十分沉重，因为它的羽毛长得又浓又厚，使得飞翔十分吃力！

它只有两种选择：第一，等死。第二，历经一个十分艰辛的蜕变过程——150 天漫长的操练。它必须很努力地飞到山顶，在悬崖上筑巢，停留在那里。鹰首先用它的喙击打岩石，直到喙完全脱落，然后静静地等候新的喙长出来。然后，它要用新长出的喙，把指甲一根一根地拔出来。当新的指甲长出来后，它再把羽毛一根一根地拔掉。等新的羽毛长出来后，鹰又开始了展翅翱翔、搏击长空的 30 年岁月！

职业人的烦恼　企业文化体现了企业对员工道德精神与职业行为的规范。企业文化最基本的要求就是"规范人"。中职生在校期间，很难感受到那种企业对员工的严格纪律性，工作态度严谨性的氛围，以及人才市场的激烈竞争性。新入职场之后往往表现出诸多不适应性，烦恼多多！

职业人最大的烦恼是无目标情况下的茫然。就像一艘没有航向的船，对它来说任何方向的风都是逆风；同样，对于一个没有目标的职业人来说，任何新的环境都是逆境。

**蘑菇定律
的启示**

蘑菇定律指的是初入职场者因为特长没有显现出来，常常不受重视，只是做一些打杂跑腿的工作，好比蘑菇总是被置于阴暗的角落一样。初入职场者得不到必要的指导和提携，这种情况与蘑菇的生长情境极为相似。"蘑菇"待遇在企业中经常会碰到，尤其是新员工。

刚走向社会步入工作岗位，当一段时间"蘑菇"是再正常不过的事。"蘑菇"经历对于成长中的年轻人来说犹如破茧成蝶，如果承受不起这些磨难就永远不会成为展翅的蝴蝶，所以要用积极的心态平和地走过生命的这一"蘑菇"阶段，能够汲取经验，能够消除很多不切实际的幻想，也能对形形色色的人和事有更深的了解，可以为今后的职业发展打下坚实的基础。

蘑菇定律是每一名初涉职场者都可能遇到的。如何将职场的烦恼转变为快乐呢？最好的办法还是调整自我心态。你的心境比处境更重要，只要坦然接受、尽快适应新的环境，就可以早日走出蘑菇定律，成为一名合格的职业人。

**责任心与
职业精神**

一个职业人优秀品质的核心是什么？有两个支撑点：职业精神应该是敬业乐业，行为准则应该是尽职尽责。

在实际生活和工作中，常见这样的现象：一个人在找到借口之后便会心安理得地认为，这件事与我无关；而更为可怕的是，一个人在做事半途而废时，冠冕堂皇地为自己解释，我已尽力而为，所以责任不在于我。

学会变借口为责任。只有自觉地把每一个要求都看成责任，把承担责任看作至高无上的原则的人，才会受到尊重和重视。

无论大事小事，都要尽心尽力，勇敢承担责任。一个大事做不了小事又不想做的人，一个对自己的过去和未来不负责任的人，永远不会有自尊和幸福。一个人有了责任心，他的生命就会闪光；一个人有了责任心，就拥有了至高无上的灵魂；一个人有了责任心，才会活得更加精彩，更加有尊严！成功属于那些不找借口的人！

初入职场前一定要记住几句话：只要不把自己看得太重，就不会失重；只要不把自己看得太高，就不会失落。无论你多么出色，每一个看似很低的起点，只要心无旁骛地去实现它，便都是通往更高山峰的必经之路；拥有"高调做事、低调做人"的处事态度，才有可能成为了不起的人！

总之，中职生在校期间，要有这样的心态，把合理的当作锻炼，把不合理的当作磨炼。只有自觉地把融入校园文化作为将来融入企业文化的历练，把适应校园文化环境看成是适应将来企业环境的"热身"，才能实现从中职生向职业人的蜕变！

体验活动

活动 3：做一名合格的中职生的要素

【目的】

在合作学习中加强个体责任，培育学生的责任感。

【要求】

这是一个简单而通用的方法，4 人为一个小组，每个成员都要轮到。限时 5~10 分钟。

【方法】

第一步，所有组员同时填写表 1-10，每人每次写一条；第二步，学生们把纸传递给他们左边的人，让他们在纸上添加上新的内容；第三步，这个过程持续到每个组员都在这张纸上写过一次为止，这时纸传回到第一个人手中；第四步，如果时间未到，可以继续轮流写第二轮，直到达到预定时间为止；第五步，每个小组派代表向其他组或全班展示，并解释自己小组的思路和观点。

表 1-10　如何做一名合格的中职生

小组	成员名单	简单描述
1		
2		
3		
4		

注：教师可以随机提问学生，他们和组员们都写了些什么。该活动的意义在于：最大限度地凸显了集思广益的好处，有助于建立学生对搭档负责的责任感。

表 1-11 是活动完成情况的评价。

表 1-11 如何做一名合格的中职生完成情况评价表

评价项目		分值	小组自评	教师评价	小组评价规程（标准）
个人评价（60%）	成员 1：	15			每人提的意见对小组完成任务的贡献，分别视其大、中、小，计 15 分、10 分、5 分
	成员 2：	15			
	成员 3：	15			
	成员 4：	15			
合作评价（40%）	小组多半时间合作得好	15			合作得好的时间和合作得好的成员过半为满分，时限内完成任务为满分，其他分别视情况打分递减
	小组成员多数合作得好	15			
	小组在时限之内完成任务	10			
合计		100			

活动 4：描述个人成长路线图

【目的】

通过填写"中职生个人成长路线"（见图 1-6），进一步明确从学生成功向职业人转变，必须从现在做起，从自身做起，从一点一滴的小事做起。

【要求】

结合自身的实际，你认为要做一名职业人自己最需要从哪些方面做起，按重要性程度排序，并将其要点填写在图 1-6 中，从左到右，至少填写四点，越多越好。

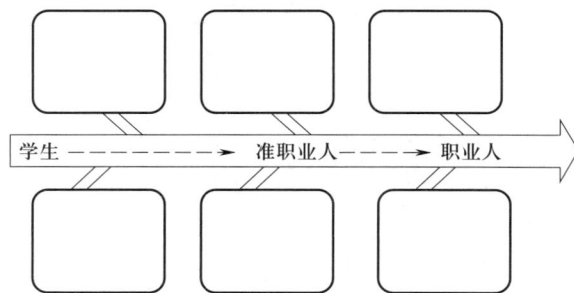

图 1-6 中职生个人成长路线

总 结

校园文化是学校在长期的办学实践中积淀和提炼的，具有渗透性和传承性。校园文化是学校赖以生存与发展的根基和血脉，是教育的精髓和灵魂。

中职学校校园文化的价值取向是落实好立德树人根本任务，健全德技并修、工学结合的育人机制，其实质是一种职业化的校园文化。良好的中职学校校园文化，可以让学生在校就提前感受到企业的核心价值理念，尤其是优秀企业的核心价值理念，使学生在精神上与企业价值共守，情感共通。

中职学校的校园文化类似于一个包含三个层次的同心圆，它由外表层、中间层和核心层构成，要求各层次都渗透、融入企业文化元素。中职学校的班级文化同样只有渗透和融入行业或专业的文化元素，才更能彰显班级文化的特点，才更有利于职业素质的养成。

中职学校是培养准职业人的专门基地，中职生的成长过程实际上是以初中毕业生→中职生→准职业人→职业人的路径为主线，以跨入职业化的校园文化环境为起点，以形成职业人应具备的职业素养、职业行为规范和职业技能为核心的个人职业生涯发展的重要阶段。

中职生在校期间，需要自觉地把融入校园文化作为将来融入企业文化的历练，把适应校园文化环境看成是适应将来企业环境的"演习"。中职生要完成从学生到准职业人，再到职业人的转变，就要像鹰一样经历艰苦的蜕变，蜕变之后才会飞得更高、更远。

第**2**单元　企业文化初识

📖 单元导读

美国兰德公司和麦肯锡公司通过对全球增长最快的 30 家公司进行跟踪考察，联合撰写了一份报告。报告认为，世界 500 强企业胜出其他公司的根本原因在于这些公司善于给企业文化注入活力。更有学者预言，企业文化在未来十年内很可能成为决定企业兴衰的关键因素。据观察，联想、海尔、华为、百雀羚……虽然它们处于不同的行业，具有不同的经营特点，企业规模和历史也不相同，但它们的企业文化有很多相似的部分，比如强调以人为本、强调沟通与合作、强调创新、重视顾客需求、努力提高产品与服务质量等。

企业文化是社会文化体系中一个有机的重要组成部分，它是民族文化和现代意识在企业内部的综合反映和表现，是在民族文化和现代意识影响下形成的具有企业特点和群体意识，以及由这种意识产生的行为规范。

了解企业文化、融入企业文化是中职生更快更好地成为企业优秀员工的必经之路。

本单元重点介绍三个主题：企业文化的含义、作用和功能，企业文化的构成及特点，不同文化背景下的企业文化。

📚 学习目标

通过本单元的学习，你能够：

- 复述企业文化的基本含义和作用。
- 列举企业文化的功能。
- 画图标识企业文化的构成。
- 列举企业文化的特点。
- 对不同文化背景下的企业文化进行基本比较。
- 独立或合作完成 4 项活动。

主题 2.1　企业文化的含义、作用和功能

改革是企业的永恒行动，成功变革要靠企业文化和群体共识；文化是企业的核心动力，代表全体员工精神风貌总和的企业文化是企业持续发展的根本要素。

做中学　　某大型商业企业一个分店的经理助理小乔犯了一个错误，他采购了超过商店通常销售所需量 4~5 倍的甜点。商店的经理告诉他："小乔，发挥你的想象力，想出各种方法将它卖掉。"于是，小乔在商店附近的停车场举办了一场吃蛋糕比赛。促销活动非常成功，以至这项赛事现在已成为该店每年一度的传统活动。

请判断类似事件如发生在下述企业，结果会一样吗？为什么？

请填写表 2-1。

表 2-1　企业文化现象比较

企业名称	企业文化特征	对此类事件的处理	说明
海尔			
联想			
华润万家			
格力空调			
吉利汽车			
永辉			

2.1.1　文化与企业文化的含义

1. 文化的含义

文化就是人类作用于自然界和社会的成果的总和，一般可分为两种：一种是物质文化，另一种是精神文化。如科技文化是物质文化，生活思想文化则属于精神文化。

任何文化都是为生活所用，没有不为生活所用的文化。任何一种文化都包含了一种生活生存的理论和方式、理念和认识。

在社会生活中，人们形成了共同的认识、理念和思想，遵循着一定的规则、规范和秩序，这就是文化。

2. 企业文化的含义

企业文化指企业在长期生产经营活动中确立的，被企业全体员工普遍认可和共同遵循的价值观念和行为规范的总称。

> 我们可以从以下几个方面认识企业文化：
>
> 第一，企业文化是企业在解决生存和发展问题的过程中形成的基本规则，所以始终会以"解决问题"作为自己的宗旨。
>
> 第二，企业文化是被大家认为有效而共享并共同遵循、自觉维护的。
>
> 第三，企业文化是习得的。
>
> 第四，企业文化是维系企业持续发展的。
>
> 第五，企业文化集中反映了企业的关键价值。

企业文化是企业的灵魂，是推动企业发展的不竭动力，它包含着非常丰富的内容，其核心是企业的精神和价值观。

企业文化从本质上看是一种产生于企业之中的文化现象，它的出现与现代企业管理理论和实践的发展密不可分。

首先，从管理的角度看，企业文化是为了达到管理目标而应用的管理手段，因此，企业文化不仅具有文化现象的内容，还具有作为管理手段的内涵。这是因为企业文化是以企业管理主体意识为主导的，是为了追求和实现一定企业目的的文化形态，并不是企业内部所有人员的思想、观念等文化形态的大杂烩。从一定意义上说，企业文化就是企业管理文化。

其次，企业文化也是一种组织文化，有自己的共同目标、群体意识及与之相适应的组织机构和制度。企业文化所包含的价值观、行为准则等意识形态均是企业群体共同认可的，与无组织的个体文化及超组织的民族文化、社会文化是不同的。而且，企业文化也是一种经济文化，因为企业文化是企业和企业职工在经营生产过程和管理活动中逐渐形成的，离开企业的经济活动就不可能形成企业文化，更谈不上形成优秀的企业文化。

> 一般来说，企业文化必须回答这样几个核心问题：
> 第一，如何看待顾客。
> 第二，如何看待员工。
> 第三，如何思考和定义竞争。
> 第四，如何考虑对社会和环境的责任。
> 第五，如何考虑合作与竞争。
> 第六，如何认识成本和利润等。

企业家与
企业文化

2.1.2　企业文化的作用

企业文化能够推动企业提高核心竞争力。企业竞争力是指在竞争性市场中，一个企业所具有的能够持续地比其他企业更有效地向市场（消费者，包括生产性消费者）提供产品或服务，并获得盈利和自身发展的综合素质。企业的竞争力可分为三个层面：

第一层面是产品层，包括企业产品生产及质量控制能力、企业的服务、成本控制、营销、研发能力。

第二层面是制度层，包括各经营管理要素组成的结构平台、企业内外环境、资源关系、企业运行机制、企业规模、品牌、企业产权制度。

第三层面是核心层，包括以企业理念、企业价值观为核心的企业文化，内外一致的企业形象，企业创新能力，差异化、个性化的企业特色，以及稳健的财务目标和长远的发展目标。

第一层面是表层的竞争力，第二层面是支持平台的竞争力，第三层面是最核心的竞争力。可以看出，企业文化对企业增强竞争力具有重要作用。

2.1.3　企业文化的功能

企业文化的功能具体体现在凝聚、导向、约束和激励四个方面。

凝聚功能　　凝聚功能指企业文化是企业的黏合剂，把员工紧紧地黏合、团结在一起，使他们目的明确、协调一致。企业员工队伍凝聚力的基础是企业的根本目标。企业的根本目标正确，就能够把企业的利益和绝大多数员工的利益统一起来，即拥有集体与个人双赢的目标。在此基础上，企业就能够形成强大的凝聚力，否则，企业凝聚力的形成就只能是一种幻想。

以华为的企业文化为例，华为文化之所以能发挥使员工凝聚在一起的功能作用，关键在于华为文化的假设系统，也就是隐含在华为核心价值观背后的假设系统。例如，"知识是资本"的假设，"智力资本是企业价值创造的主导要素"的假设。正是这种文化的假设系统使全体华为人认同公司的目标，并把自己的人生追求与公司的目标相结合。这一假设系统还帮助员工了解公司的政策，调节个人与个人之间、个人与团队之间、个人与公司之间的利益关系，从而形成文化对华为人行为的牵引和约束。

导向功能　导向功能指企业文化对企业的领导者和职工在思想、观念、行为等方面能起到明显的引导作用。企业文化的导向功能主要体现在两个方面。

一方面，企业文化对经营哲学和价值观念的指导。经营哲学决定了企业经营的思维方式和处理问题的法则，这些方式和法则指导经营者进行正确的决策，指导员工采用科学的方法从事生产经营活动。企业共同的价值观念规定了企业的价值取向，使员工对事物的评判达成共识，有着共同的价值目标，企业的领导和员工为他们所认定的价值目标去行动。

另一方面，企业文化对企业目标的指引。企业目标代表着企业发展的方向，没有正确的目标就等于迷失了方向。完美的企业文化会从实际出发，以科学的态度去制定企业的发展目标，这种目标一定具有可行性和科学性。企业员工就是在这一目标的指导下从事生产经营活动的。

约束功能　约束功能指企业文化、企业精神为企业确立了正确的方向，对那些不利于企业长远发展的不该做、不能做的行为，常常发挥一种禁止、遏制的作用，为企业提供"免疫"功能。约束功能能够提高员工的自觉性、积极性、主动性和自我约束意识，使员工明确工作的意义和方法，提高员工的责任感和使命感。

企业文化的约束功能主要是通过完善管理制度和道德规范来实现。企业管理制度是企业文化的内容之一。企业管理制度是企业内部的规则，企业的领导者和企业职工必须遵守和执行，从而形成约束力。道德规范是从伦理关系的角度来约束企业领导者和职工的行为。如果人们违背了道德规范的要求，就会受到舆论的谴责，心理上会感到内疚。同仁堂药店"济世养生、精益求精、童叟无欺、一视同仁"的道德规范约束着全体员工必须严格按照工艺规程操作制药，严格质量管理，严格执行纪律。

激励功能　激励是一种精神力量和状态。"水不激不活，人不激不奋。"企业文化所形成的企业内部文化氛围和价值导向能够起到精神激励的作用，将职工的积极性、主动性和创造性调动并激发出来，把人们的潜在智慧诱发出来，使员工的能力得到充分发挥，从而提高各部门和员工的自主管理能力和自主经营能力。

例如，某公司对员工设定了很高的任务目标，但是在业绩考核方面不仅以是否实现了目标为标准，而且将目标与上一年同期相比较，若没有完成目标，则会充分考虑造成目标没有完成的原因是环境因素还是个人问题。如果是个人问题，分析该员工与以前比较是否有较大的进步，并且以正面奖赏的形式对员工在成长的过程中遭遇的挫折进行鼓励。因此，该公司的高目标不仅仅是一种考核标准，更是一种激励手段。

体验活动

活动 1：阅读下面案例，说说导致事情结果的原因

【目的】

引导学生了解企业文化对企业生存和发展的影响，从而理解企业文化的重要性。

【要求】

在仔细阅读案例的基础上，分析 A 公司并购后经营失败的原因。

【方法】

小组讨论：A 公司并购后经营惨淡的原因是什么？是其企业文化不先进，是经营理念发生了变化，是经营环境发生了变化，还是并购后企业未能有效地创建企业文化？

这是国内企业并购中的一个案例。

A 公司从事汽车发动机核心零配件的生产制造，被收购以前在所处行业中处于领先地位，是该行业首家上市公司，于 20 世纪 90 年代末期被 B 公司收购。B 公司是某省的一家大型酒店集团，在省内的酒店中业绩遥遥领先。出于增长和分散风险的战略考虑，B 公司对 A 公司进行了收购。

A、B 公司所处地区的文化和行业特点相差甚大，然而在并购之前，B 公司根据其以往在同行业内的收购经验，只针对 A 公司的财务状况进行了调研和分析，并没有考虑地域文化、行业文化、企业文化给二者的整合带来的问题，更没有考虑如何有针对性地提出解决方案，因此在并购后因为种种文化、理念上的冲突使得 A 公司人员流失严重，逐渐陷入被竞争对手远远抛在身后的尴尬境地，甚至还一度濒临破产。

活动 2：收集你所熟知的企业文化资料

【目的】

增强对企业文化的感性认识，激发学习兴趣。

【要求】

选择学生较熟悉的企业收集企业文化资料。

【方法】

学生 4~6 人分为一个小组，先将收集的企业文化资料填入表 2-2 中，然后在班上采用演讲、辩论等方式，介绍各小组对企业文化的认识。

表 2-2   企业文化资料统计表

企业名称	国别	所属行业	商标	广告语	企业文化特点

主题 2.2   企业文化的构成及特点

企业发展的灵魂是企业文化，而企业文化最核心的内容是价值观。

海底捞的企业文化

做中学   海底捞成立于 1994 年，是一家以经营川味火锅为主、融汇各地火锅特色为一体的大型跨省直营餐饮品牌火锅店，大家知道海底捞的企业文化是什么吗？

在"四型八态"文化定位中，情感型文化与目标型、共生型文化相比，有着"效率低下"的缺陷，但海底捞却做出一个高效的情感型文化，非常值得学习。其主要措施包括：

1. 选拔培育有感恩之心的员工

海底捞员工对企业、对上级、对老师都有感恩之心，这是支撑海底捞高效率、高质量服务的根本。并不是每个人都善于感恩，所以，招聘、培养和提升拥有这种特质的员工成为关键。所以，海底捞在提拔某个人到重要岗位时，其创始人张勇往往会到员工家里做家访，以确定该员工是不是真的符合企业所需要的特质。

2. 营造大家庭的氛围

情感型文化的核心理念是大家庭主义，即员工都以所在的组织为家，同事之间都培养出类似于兄弟姐妹之间的那种亲密感情。海底捞鼓励员工介绍自己的亲人、朋友到海底捞工作，从一定程度上推进了这种家庭氛围的营造。

3. 传帮带的固有习惯传承

对每个新入门员工都会安排一位师傅，师傅负责把新员工引进门，文化的传递由此而达成。能够成为带徒师傅一定需要特别的资质，比如年资长、表现佳、与企业文化协调性良好的员工才能成为师傅。

4. 员工自主性的激发

海底捞通过有效的授权和放权来激发员工的自豪感和凝聚力。区域经理有百万以上的自主权，普通员工能够根据情况判断，自主决定是不是给客人免费送一些小菜，甚至于对服务不满意的客人免单，这样做，能够及时消除顾客抱怨不会因为请示而耽误工夫。这种自主性使得员工产生"企业主人翁"的自豪感，因此对这个"大家庭"的归属感会更加强烈。

5. 坚持内部选拔

海底捞设置了管理、技术和后勤三个晋升体系，让员工有充分的发展空间。更加重要的是，其管理者和重要岗位人员都必须从底层做起，从为客户直接服务做起（财务和工程岗位除外）。这种自己培养的方式虽然人才聚集速度缓慢，但却能保持文化的延续并发展。

6. 追求顾客和员工满意度，而不是利润

海底捞对每个分店的考核只注重两项，一是顾客满意度，二是员工满意度。只要顾客满意了，员工满意了，利润不是问题。考核店长利润是不合理的，因为在做到高顾客满意度和员工满意度的前提下，利润就只跟大环境的好坏、店址等因素相关，而这些因素是店长所没法控制或影响的。

7. 弱化冷硬的制度流程，强化内部沟通和创新

海底捞的制度流程都尽量不用文件传达的方式来下达，而是由带班班长或店长开会传达并展开讨论，对每项新制度、新措施的精神和理念剖析清楚，让基层员工明白新制度实施的原因和必要性。

8. 鼓励员工全员创新，提出改进建议

海底捞员工按惯例会定期总结、讨论近期内服务客户满意度情况，找出不足和差距，提出改进措施。有些改进措施好的，会在全公司推广，该推广的方法会以提出该建议的员工的名字来命名，这种激励性是非常强大的。

请你收集有关海底捞企业文化的关键词，填在横线上：＿＿＿＿＿＿＿＿＿

2.2.1　企业文化的构成

1. 企业文化的结构

企业文化通常是由类似于一个包含四个层次的同心圆，即企业的精神文化、制度文化、行为文化和物质文化构成的，如图 2-1 所示。

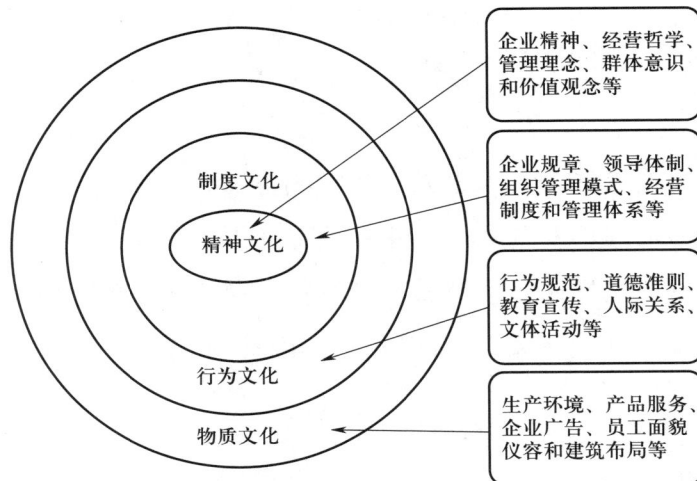

图 2-1　企业文化结构图

图中标注：
- 制度文化
- 精神文化
- 行为文化
- 物质文化
- 企业精神、经营哲学、管理理念、群体意识和价值观念等
- 企业规章、领导体制、组织管理模式、经营制度和管理体系等
- 行为规范、道德准则、教育宣传、人际关系、文体活动等
- 生产环境、产品服务、企业广告、员工面貌仪容和建筑布局等

2. 企业文化的构成要素

企业精神文化　企业的精神文化是用以指导企业开展生产经营活动的企业精神、经营哲学、管理理念、群体意识和价值观念等内容，它是以企业精神为核心的价值体系。

企业精神是企业广大员工在长期的生产经营活动中逐步形成的，并经过企业家有意识的概括、总结、提炼而得到确立的思想成果和精神力量。它是企业优良传统的结晶，是维系企业生存与发展的精神支柱，是由企业的传统、经历、文化和企业领导人的管理哲学共同孕育的，集中体现了一家企业独特的、鲜明的经营思想和个性风格，反映着企业的信念和追求，也是企业群体意识的集中体现。

企业精神是企业价值观的核心，具有号召力、凝聚力和向心力，是一家企业最宝贵的经营优势和精神财富。它不是可有可无的，而是必不可少的。

企业制度文化　企业的制度文化是由企业的规则形态、组织形态和管理形态构成的外显文化。它主要包括企业规章、领导体制、组织管理模式、经营制度和管理体系等。

在企业文化的建设过程中，必然涉及与企业有关的规则、经营体制和企业的管理制度等问题。企业的法律形态体现了社会大文化对企业的制约和影响，反映了企业制度文化的共性。企业的组织形态和管理形态则体现了企业各自的经营管理特色，反映了企业制度文化的个性。

企业行为文化　企业行为文化是指企业员工在生产经营、学习娱乐中产生的活动文化，包括行为规范、道德准则、教育宣传、人际关系、文体活动等。它是企业经营作风、精神面貌、人际关系的动态体现，也是企业精神、企业价值观的折射。

企业行为包括企业家的行为和企业员工的行为两个部分。企业的经营决策方式和决策行为主要来自企业家，企业家是企业经营的主角；企业员工是企业的主体，企业员工的群体行为决定企业整体的精神风貌和企业文明的程度。

在一个具有优秀企业文化的企业中，最受人敬重的是那些集中体现了企业价值观的企业模范人物（企业英雄）。他们使企业的价值观人格化，他们是企业其他员工学习的榜样，他们的行为常常被企业员工所仿效。

企业物质文化　企业文化作为社会文化的一个子系统，其显著的特点是以物质为载体，物质文化是它的外部表现形式，包括企业生产环境、产品服务、企业广告、员工面貌仪容和建筑布局等。

优秀的企业文化是通过重视产品的开发、服务的质量、产品的信誉、良好的形象、生产工作环境、健全的文化设施和积极开展健康有益的文体活动等来体现的。

2.2.2　企业文化的特点

历史性　历史性是一切社会事物的最基本属性之一。企业在一定的时空条件下产生、生存与发展，本身就是当时社会政治、经济、文化的折射，是创造历史的载体。企业经营与政治活动、文化现象的联系千丝万缕。可以说，企业文化是历史的产物，必定带有历史的烙印，折射出大到一个时代、一个国家或者一个民族的情况，小到一个地方区域的经济与文化特征。反过来，企业文化一旦形成，就开始改造企业所处的环境，因为企业毕竟是走在时代前列的社会生活中最活跃的社会组织，信息交融与思想变革首先从企业发生。当代企业文化的基础是已经比较成熟的商品经济理论。

人本性　企业文化关注的核心在于对企业中人的因素的管理与潜能激发，虽然如此做的终极目标在于企业价值的顺利实现，但这并不妨碍企业以开发人的潜能为切入点的管理模式为其带来的巨大张力。当衣食住行等最基本的生存需求得到满足后，人们需要满足交流的需要、给予的需要、被尊重的需要、个人价值实现的需要等。一个人一生中最宝贵、历时最长的时间与空间都是用于职业生涯的，所以，企业的成长与发展需求与个人的成长与发展需求在企业文化这个层面达到了完美的契合。企业文化是一种以人为本的文化，着力于以文化因素去挖掘企业的潜力，尊重和重视人的因素在企业发展中的作用。

复杂性　世界上没有两片完全相同的树叶。每个企业都在特定的环境中生存与发展，所面临的历史阶段、发展程度，以及本身固有的文化积淀都不相同。成功是不能复制的，企业文化也同样不能复制。把别人成功的企业文化照搬照抄，或者如纸上谈兵一样将优秀的企业文化奉为金科玉律，试图找到放之四海而皆准的真理，最终只会害了自己。

动态性　一个企业的企业文化一旦形成，就具有在一定时期之内的相对稳定性。随着企业的发展以及企业生存环境的变化，企业文化也随之发生改变。有一种说法叫作"呈螺旋式上升状"，这其实是一种理想状态下优秀的企业文化的发展态势。僵化的、落后的企业文化也在运动，只是在企业内部没有经过合理的梳理、整合与提炼，没有形成良性体系，但各种文化因素的冲突正在进行量变的积累。一个优秀企业的文化体系建成之后，就会显示其对外部因素以及新生文化因子强大的吸收力、包容力与消化力，形成动态开放的系统。

有机性　企业文化是一个整体有机系统，其各个构成要素以一定的结构形式排列，各个要素相对独立、各司其职。同时，企业文化又是一个系统工程，是一个严密有序的有机结合体，由企业内互相联系、互相依赖、互相作用的不同层次和不同部分结合而成。企业文化既然以企业价值实现为最终目标，那么就不可能不涉及企业的战略规划；既然以人为本，那么就不可能不涉及人力资源开发；既然是一种管理方法，那么就不可能不涉及企业的管理制度……可以说，企业文化今天之所以被管理界推崇备至，与它的这一性质不无关系。

狮子和羚羊的故事

阅读材料　清晨，非洲草原上的羚羊从睡梦中醒来，它知道新的比赛就要开始，对手仍然是跑得最快的狮子，想要活命，就必须在赛跑中获胜。狮子思想负担也不轻，假如它跑不过羚羊，就会饿死。命运都是一样的，当太阳升起时，为了生存下去，最好还是快跑吧！

多么奇妙的事情，强如狮子，弱似羚羊，差别不可谓不大，然而在物竞天择的广阔天地里，两者面临的源自求生欲望的压力却是平等的。

可见，在动物世界里，动物的对手说到底

是它自己，它要逃避死亡的追逐，首先就要战胜自己。它必须越跑越快，因为稍一松懈便会成为其他动物的战利品，绝无重赛的机会。

最大的敌人是自己，对人来说又何尝不是这样？不管你是总裁还是小职员，不都要尽心尽责，全力以赴吗？在新的一天来临时，还是对自己喊一声"加油"吧！

体验活动

活动 3：请你从企业文化角度分析企业行为

【目的】

了解企业文化构成要素，理解企业物质文化与制度文化、精神文化与行为文化之间的联系。

【要求】

理解企业文化构成的各层次之间的联系。

【方法】

可结合企业文化特点、市场地位、品牌优势等，采取问题研讨方法，如某公司为什么要如此布置办公室？为什么不称头衔？这和企业文化有何联系？

某公司的办公室布局采用"敞开式大房间"，全体人员都在一间大厅办公，部门间只有矮屏分隔，除少量会议室、会客室外，无论哪级领导，都不设单独的办公室；而且不称头衔，即使对董事长也直呼其名。

这样做的目的是：＿＿＿。

主题 2.3　不同文化背景下的企业文化

一个国家的强大不光看硬实力，还要看软实力。软实力就是一个国家的文化、文明程度，就是一个国家的民族精神，就是一个民族的魂魄。

做中学　　以下是知名企业文化资料，请比较其相同点和不同点。

1. 三一重工

- 三一愿景：创建一流企业，造就一流人才，做出一流贡献。
- 三一作风：疾慢如仇，追求卓越。
- 企业精神：自强不息，产业报国。

- 质量口号：品质改变世界。
- 核心价值观：先做人，后做事。
- 经营理念：一切为了客户，一切源于创新。
- 企业伦理：公正信实，心存感激。
- 三一信条：人类因梦想而伟大；金钱只有诱惑力，事业才有凝聚力；竭尽全力，实现三一；依托三一，实现自我。

2. 蒙牛集团

- 蒙牛愿景：以消费者为中心，成为创新引领的百年营养健康食品公司。
- 蒙牛使命：专注营养、健康，每一天每一刻为更多人带来点滴幸福。
- 蒙牛核心价值观：诚信、创新、激情、开放。

比较三一重工和蒙牛集团的企业文化，填入表 2-3 中。

表 2-3　三一重工和蒙牛集团企业文化比较

企业名称	三一重工	蒙牛集团
行业		
两家企业文化的共同点		
两家企业文化的不同点		
差异原因分析		
其他		

2.3.1　不同类型企业的文化特点

企业文化是市场经济和现代文明的产物，体现着市场经济运行的一般规律，渗透着人类文明的共同意识。因此，不同类型的企业，其文化存在着一定的共性，如无形性和有形性的统一、概括性和具体性的统一、整体性和代表性的统一、稳定性和变革性的统一、超期性和滞后性的统一、非强制性和强制性的统一等。但是，由于企业与企业之间的客观环境、人员素质、生产经营过程、顾客群等存在着明显的差异，因而各自在价值观上必然有所不同，也就形成了各不相同的企业文化。

本书第 4 单元将以餐饮业的全聚德和旅游业的中国国际旅行社为例，介绍旅游服务类企业"服务至上"的文化特点。第 5 单元将以连锁超市华润万家和现代物流顺丰速递为例，介绍现代商业"顾客至上"的文化特点。第 6 单元将以家电制造业的海尔公司和机械制造业的三一重工公司为例，介绍"质量至上"的文化特点。第 7 单元将以科技企业华为公司和金融企业招商银行为例，介绍科技与金融企业"创新至上"的文化特点。

2.3.2　不同国家和地区的企业文化举例

文化是与民族分不开的，一定的文化总是一定民族的文化。企业文化是一个国家的微观组织的文化，是一个国家民族文化的组成部分，所以一个国家企业文化的特点在一定程度上也反映着这个国家民族文化的特点。

1. 美国企业文化的模式与管理特点

美国是一个多民族的移民国家，这决定了美国民族文化的个人主义特点。美国的企业文化以个人主义为核心，强调个人的独立性、能动性、个性和个人成就。在这种个人主义思想的支配下，美国的企业管理以个人的能动性为基础，鼓励员工个人奋斗，实行个人负责、个人决策。因此，在美国企业中个人英雄主义比较突出，许多企业常常把企业的创业者或对企业做出巨大贡献的个人推崇为英雄。以个人主义为特点的企业文化往往缺乏共同的价值观念，企业的价值目标和个人的价值目标通常是不一致的，企业以严密的组织结构、严格的规章制度来管理员工，以追求企业目标的实现。员工仅把企业看成是实现个人目标和自我价值的场所和途径。

2. 欧洲企业文化的模式与管理特点

欧洲的企业文化崇尚个人的价值观，强调个人高层次的需求。欧洲人注重理性和科学，强调逻辑推理和理性分析。虽然欧洲企业文化的精神基础是相同的，但由于各个国家的民族文化有所不同，欧洲各个国家的企业文化也存在着差别。

3. 日本企业文化的模式与管理特点

日本社会结构长期稳定，思想观念具有很强的共同性。同时，日本受中国儒家伦理思想的影响较深，企业文化以和亲一致的团队精神为特点。"和"被日本企业作为哲学观念运用到管理中，是企业行动的指南。

以团队精神为特点的日本企业文化，使企业上下一致地维护和谐，互相谦让，强调合作，反对个人主义。企业是一个利益共同体，共同的价值观念使企业目标和个人目标具有一致性。

日本虽然是一个岛国，但并不封闭守旧，相反革新精神强，大量吸收西方文化中重视科学技术和理性管理的一面，并与传统文化结合起来，形成了巨大的生产力。

体验活动

活动 4：企业文化与个人发展的联系

【目的】

由企业行为文化入手，了解企业文化与个人发展的联系，增强学生了解企业文化、融入企业文化的自觉性。

【要求】

把握企业文化和个人职业理想之间的联系。

【方法】

案例分析。

阅读下面案例，回答以下问题。

1. 小张为什么困惑？

2. 小张应该怎么办？留下还是离开？

小张的困惑

刚刚进入公司的小张干劲十足，因为在入职仪式上总经理的一番慷慨激昂的讲话让小张十分激动。总经理说要在两年内让公司在美国上市，到时所有员工都可以获得不同额度的原始股票，实行全员持股，只要是忠于企业、努力工作的员工都会得到丰厚的回报。这令小张感到只要按照总经理的要求兢兢业业地工作，公司就一定不会亏待自己。

小张的直接领导——市场部黄经理来公司已经两年了，在工作上非常努力尽责，对企业的忠诚度也很高。他在与广告媒体公司的谈判中始终维护着企业的利益，令小张十分钦佩。

一转眼半年过去了，发生了一件让小张意想不到的事情：黄经理在一次业务外出中发生了交通事故，一条腿粉碎性骨折。更令小张意想不到的是，公司竟然以黄经理合同到期为由与其解除了劳动合同，对其所受到的伤害仅象征性地支付了 5 000 元钱，然后就不再过问了。而且，令小张气愤的是，他在去给总经理送文件时，偶然听到总经理和人力资源部经理在谈论这件事情："他合同是不是刚到期，那就正好不要再续签了，免得惹麻烦……"

小张陷入了深深的困惑中……

总　　结

　　企业文化是企业在长期生产经营活动中确立的，被企业全体员工普遍认可和共同遵循的价值观念和行为规范的总称。企业文化具有凝聚、导向、约束、激励功能。企业文化由企业的精神文化、制度文化、行为文化和物质文化构成。各不相同的企业文化反映了企业的不同特点，深入了解企业文化能够更好地融入企业。

第3单元　企业文化的主体：企业员工

单元导读

企业文化的主体是员工，即职业人。中职生向职业人转型是一个过程，在转型过程中，中职生要了解步入职业岗位，做一名合格的职业人应具备什么职业素质、职业态度和职业精神。职业人最需要的就是敬业精神、高度的责任意识和勇于面对挫折的执着精神。除具有一定的能力之外，职业人还要有团队意识，懂得与人沟通，工作中要有积极向上的工作态度。

对优秀习惯的培养和潜在能力的开发，可充分展示一个中职生的多种才能，从而为创造一个独特的、有意义的职业人生做铺垫。从一定意义上讲，习惯决定命运，态度决定一切。

本单元重点介绍三个主题：企业需要什么样的员工，如何提高自身实力，职业态度决定一切。

学习目标

通过本单元的学习，你能够：

- 明确作为一名合格的职业人应具备哪些职业素质。
- 掌握提高自身实力的途径与方法。
- 认识到好的职业习惯对成为一名优秀职业人至关重要。
- 认识到好的职业态度在学习和工作中的重要性。
- 了解一个人的职业素养和潜在能力是可以培养与开发的。
- 独立或合作完成三个活动。

主题 3.1　企业需要什么样的员工

你造一座大厦，如果地基打不好，上面再牢固，也是要倒塌的。

做中学　　根据日常生活的观察和积累，你对步入职场的职业人如何理解？

1. 在角色的认知上：（　　　　）。

    a. 就是一个打工的

    b. 应积极参与企业的相关运作

2. 在工作态度上：（　　　）。

    a. 让干什么就干什么

    b. 干得要比要求的更好

    c. 对职业要负责

3. 在工作的适应能力上：（　　　）。

    a. 有个人的局限性

    b. 适应能力强，发展空间广

    c. 接受力强

4. 在岗位的坚持力上：（　　　）。

    a. 总在发现更好的

    b. 先把眼前的做好

企业到底需要什么样的员工，不同的企业可能有不同的具体要求，但有一些基本要求是共同的。下面分五个方面来讲述，如图 3-1 所示。

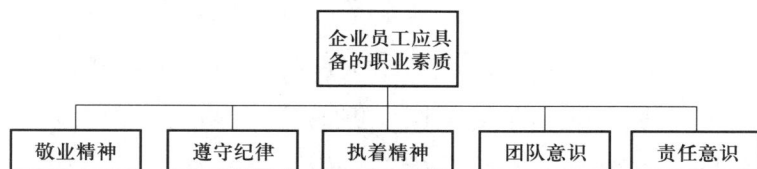

图 3-1　企业员工应具备的职业素质

3.1.1　敬业精神

所谓敬业精神，是人们基于对一件事情、一种职业的热爱而产生的一种全身心投入的精神，是社会对人们工作态度的一种道德要求，其核心是无私奉献的意识。被动应付式的敬业是低层次的，是因外在压力产生的；发自内心的敬业是高层次的，把职业当作事业来对待。

1. 敬业是一种品质

敬业精神是一种优秀的职业品质，是职场人士的基本价值观和信条。敬业精神是职业精神的首要内涵，是职业道德的集中体现。

在经济社会中，每个人要想获得成功或得到他人的尊重，就必须对自己所从事的职业、对自己的工作保持敬畏之心。如果总是对工作不满，就会使自己发展的道路越走越窄。

具备敬业精神的员工之所以受欢迎，是因为敬业精神是一种优秀的职业品质，是所有企业和员工生存与发展所必需的潜在动力，是职场人士应当且必须具备的品质。

2. 敬业比专业更重要

专业是指拥有出色完成一项工作的技能，敬业是指对自己的工作怀有敬畏之心。只有怀有敬畏之心，才会全力以赴，才会自动、自发，才不会找借口，才会立即行动。敬业是态度，专业是技能。

敬业是绝对需要的态度，专业是相对而言的高度，只要有足够敬业的态度，不断摸索，不断学习，总能达到专业的高度。

敬业不仅是一种精神，更是一种能力，所有的能力只有通过敬业才能体现出它的价值。一个人能力再强，如果他不愿意付出，他就不能为企业、为团队创造价值；而一个愿意为企业、为团队全身心付出的人，即使能力稍逊一筹，也会发挥出自己最大的能量为团队增色。

3. 像对待事业那样对待工作

工作不分贵贱高低，要视工作为事业，尽心尽力，尽职尽责。做不好工作，并不一定是缺乏能力与智慧，往往只是没有尽心尽力。有的人常常抱怨自己的工作太平凡了，做不出轰轰烈烈的业绩，整日忙忙碌碌，到头来平平淡淡，谈不上成就。其实不然，只要是对工作尽心尽力、忠于职守，全身心地投入工作中，就会有回报，就会成功。

把手中的工作当成事业来做，即使工作岗位平凡，你也会把它做得非常漂亮。把每一项工作都当成事业去做，就要对工作怀有激情。作家爱默生说："激情像糨糊一样，可让你在艰难困苦的场合里紧紧地把自己黏在这里，坚持到底。它是在别人说你'不行'时，能在内心里发出'我行'的有力声音。"

要把工作当事业干、当专业干、当乐趣干、当自己的事干。以什么样的态度对待工作，是能否干好工作的重要前提。遇到工作能躲就躲、能推就推，肯定会不同程度地影响工作的质量和效果。要端正对待工作的态度，很重要的一点是要始终把工作当作事业来干。把每一项工作都当成事业去做，就会对工作怀有崇高的责任感和尊重，就会为此全身心地努力。当一个人以一种虔诚的、敬畏的心态去对待自己的工作时，便会以一种负责、一丝不苟的态度去做。敬业的工作精神能够使我们在工作中充满激情，主动寻找好的工作方法，以高水平、高质量地完成工作。

3.1.2 遵守纪律

所谓纪律，是指为维护集体利益并保证工作顺利进行而要求成员必须遵守的规章、条文。纪律既然是维持人们一定关系的规则，要求集体成员必须执行，那么，它就必然带有强制性。没有纪律，就不会有信念，也不会有服从。遵守纪律是成功的关键和做好工作的基础。

1. 遵守纪律是成功的关键

纪律不是抽象的，而是非常实在、具体的，反映在每个细节中。纪律在我们的生活中无处不在。学校有学校的纪律，学生上课不迟到、不早退，遵守学校的规章制度和学生守则等就是纪律，由此才有良好的校风和校园环境；企业也有严格的纪律要求，准时准点上下班，按公司要求着装，不在上班时间干私活，按指标完成任务等，都是纪律。

纪律对一个单位、一个组织，甚至对一个国家、一个社会来说，都是非常重要的。在学校里有许多纪律需要我们遵守，只有遵守纪律，才能提高我们的素质，才能为同学创造良好的学习环境和生活环境，才能彰显学校教育的品质。同样，企业只有纪律严明、管理严格，才能保证生产的正常进行和企业的正常运转，才能成功打造企业的品牌。

2. 遵守纪律是做好工作的基础

在日趋激烈的市场竞争中，一个团队要想成为攻无不克、战无不胜的集体，团队的每个成员都必须严格遵守纪律，谁也不能凌驾于纪律之上。

一个团结协作、富有战斗力和进取心的团队，必定是一个有纪律的团队。同样，一名积极主动、忠诚敬业的员工，也必定是一名具有强烈纪律观念的员工。可以说，纪律永远是忠诚、敬业、创造力和团队精神的基础。对企业而言，没有纪律，便没有成功。纪律是企业经营和发展的基本前提，遵守纪律是一种执行力。

当企业员工都具有强烈的纪律意识，在不允许妥协的地方绝不妥协，并且对待工作绝不找任何借口时，他们便会发现学习和工作因此有了一个崭新的局面。

3.1.3 执着精神

所谓执着精神，是指对某种事物坚定不移、锲而不舍的追求。"春蚕到死丝方尽，蜡炬成灰泪始干"是一种执着；"走自己的路，让别人去说吧"也是一种执着。

1. 不抛弃，不放弃

在某电视剧中描述了一个士兵群体的成长经历，"不抛弃，不放弃"的精神带给人们强烈的震撼，应当作为我们在学习和工作中战胜困难的指路明灯和不竭动力。我们需要的是一种开拓进取、百折不挠、坚持不懈、奋发向上的精神。"不抛弃，不放弃"精神正是我们这个时代和民族所需要的，这也是它受到观众厚爱和追捧的根本原因。

"不抛弃，不放弃"是执着精神的典型解读。最后攀上顶峰的人，无一例外都是这种"不抛弃，不放弃"的人，一旦放弃便前功尽弃、一无所有。我们在学习中也是如此，遇到难题如能继续钻研，就没有解不开的难题。成功与否，关键在于坚持。

2. 成功源于执着和顽强

运动场上，长跑运动员努力坚持、奋勇前行称之为执着；订立目标努力拼搏、永不放弃，称之为执着；革命者为革命甘于献出一切仍无怨无悔，称之为执着。执着的精神向来为世人所称道。执着是对事业、生活、人生的不懈追求。执着是一种坚持的品格，认准一个目标不再犹豫，不在乎前进中的障碍，永不放弃、永不言败。执着的人往往是最后的成功者，因为坚持的品格使其成功。没有执着就没有进取，进取来自执着。在我们前进的道路上，有无数的挫折险阻，若不是因为我们从不放弃，恐怕无法取得一点细小的进步。

> 你能讲述具有执着精神的人物和故事吗？

执着是机会对一个人的考验，只有经受住考验的人，才能享受机会带来的喜悦。

执着就能带来机会，因为执着会让你一往无前！

执着是人的一种精神动力，一种为实现人生目标而永不放弃追求的自觉行动。

执着是一种勤勉跋涉，是一心一意、全神贯注的人生搏击。

3. 要坦然面对挫折

"宝剑锋从磨砺出，梅花香自苦寒来。"纵观古今，历经磨难坎坷的人往往能够成就大事。一个有所作为的人并不是天生的，而是在逆境中磨炼出来的。

很多时候，挫折就像一把双刃剑，压垮弱者，孕育强者。

弱者面对挫折，会叹息、悲哀，埋怨命运对自己不公，哀叹生不逢时、命运不济、脚下无路、前途茫茫，甚至一蹶不振、消极萎靡。因此，挫折对于弱者来说是万丈深渊。

强者面对挫折，有坚强的意志，能战胜自我，冷静对待，坦然面对，因变而变，总结思索，并以此为动力激发自己的勇气，甚至会不惜抛弃一切从头再来。因为在强者眼里，挫折是不可多得的人生财富，是成功的助跑器、加油站和催化剂。

因而，每个人都应该成为生活的强者，树立正确的人生理想，有正确、高尚的奋斗目标，强大的精神动力。当挫折发生时可坦然地面对，做到虽身处逆境而能认清希望所在，虽面对困难、挫折而能矢志不移、毫不气馁。

3.1.4　团队意识

所谓团队意识，是指整体配合意识，包括团队的目标、团队的角色、团队的关系、团队的运作过程四个方面。团队意识是一种主动性的意识，将自己融入整个团体对问题进行思考，想团队之所想，从而最大限度地发挥自己的作用。团队意识是职业人的一种优秀品质。

1. 懂得融入团队

现代社会的竞争不是靠个人英雄主义，而是靠团队。团队力量不是若干个体的简单相加，而是个体有机结合形成一种新的力量。人们常说："人多力量大。"其实也不尽然，如果没有团队精神，每个人都以自我为中心，把个人利益放在首位，即使人再多，也只能是一盘散沙。

"I+we=fully I" 这是美国心理学家荣格提出的一个公式，即 "我+我们=完整的我"。意思是说，一个人只有把自己融入集体中，才能最大限度地实现个人价值，绽放出完美绚丽的人生。

我们知道，一个人的能力是有限的，当一项工作或任务远远超出个人能力范围时，进行团队协作就势在必行。团队不仅能够完善和提升个人的能力，还能够帮助成员加强相互理解和沟通，把团队任务内化为自己的任务，真正做团队工作的主人。这样的团队会战胜一切困难，赢得最终的胜利，而团队中的成员也会成长起来。个人再完美，也只是一滴水，而一个优秀的团队就是大海，一个人只有融入团队，在团队协作这个过程中才能迅速地、更快地提高与成长。

2. 学会积极沟通

沟通是指在工作和生活中，人与人之间通过语言、文字、形态、眼神、手势等手段来进行的信息交流。沟通既是一种文化，也是一门艺术。

团体内不可能没有沟通存在。如果没有沟通，就无法了解同事、合作伙伴的工作进展程度，管理者就无法获得信息和管理思路，主管和团队的领导者就无法发出指令。没有沟通，工作就不可能协调好，也不能干好，团队就会因此而涣散。

沟通能带来理解，而理解带来合作。生活中没有沟通，就没有快乐的人生；事业中没有沟通，就没有成功；工作中没有沟通，就缺乏乐趣。一个沟通良好的企业，可以使所有员工真实地感受到沟通的快乐和绩效，进而增强企业的凝聚力和竞争力。

在一个充满激烈竞争的时代，每个人不仅要有应对问题和挫折的能力，还要建立起良好的人际关系。因此，学会沟通艺术，处理好人际关系，将成为事业成功的重要保障。

沟通不是一种情绪，沟通应从心开始。沟通不是一种讲话技巧，而是要保持一个好的心态。不能以自我为中心，要树立自身坦率真诚的形象；不能自大，以为自己的想法就是答案，这样会让人很反感，容易在人与人沟通过程中形成障碍。

沟通中要学会站在对方的角度，设身处地为对方考虑并解决问题。主动是沟通的基本要求，不管是对自己的同事，还是对朋友、合作伙伴，都要做到主动与对方沟通。

沟通不是一种说服，而是一种感染、一种形象展示、一种言行一致的体现。学会沟通技巧，这世界就会变得更美好，社会就会更和谐，团队战斗力就会不断增强，事业就会更上一层楼。

3.1.5　责任意识

所谓责任，是一种职责和任务，是身处社会的个体成员必须遵守的规则，带有强制性。责任就是承担应当承担的任务，完成应当完成的使命，做好应当做好的工作。责任意识是衡量一个人职业精神的重要指标，也是职业人最重要的素质之一。

1. 责任能赢得信任

当你选择了一个岗位，从事了一种职业，就必须接受它的全部。面对你的工作岗位、你的职业，不要忘记自己的责任。工作呼唤责任，工作意味着责任。当你走向社会后，一件最重要的事情就是，要为自己的人生创造一种信誉，这种信誉就是由责任意识来创造的。

有责任意识的人，无论职位高低，都会赢得别人的信任，从而吸引更多的人与你合作。无论你所做的是什么样的工作，只要你认真地、勇敢地担负起责任，你所做的就是有价值的，你就会获得尊重。

责任意识是成熟的标志，能够承担责任的人是可以委以重任的，也是值得信赖的。责任产生忠诚，而忠诚会让你承担更大的责任，让你赢得领导对你的信任，这样，领导才会把需要承担更大责任的重要岗位交给你。没有责任意识和不能承担责任的人，不可能成为优秀的员工。责任是干好工作的前提。

2. 责任与机会共存

责任是与机会相伴的，没有责任就没有机会。在我们身边，很多人都曾面临重大责任。但是，有的人认为责任是件麻烦事，没有意识到责任就是机会，于是一味地逃避，结果把本属于自己的机会丢掉了。

社会学家戴维斯说："放弃了自己对社会的责任，就意味着放弃了自身在这个社会中更好地生存的机会。"同样，如果你放弃了自己对工作的责任，就意味着放弃了成功的机会。没有责任感的人，任何一个企业都会弃若敝屣，即使侥幸留在企业里，也永远不会获得成功。敢于承担责任，努力做好身边的每一件事，机会会无处不在。

体验活动

活动1：模拟招聘

【目的】

1. 让学生能够深刻理解现代企业员工所需要具备的素质和条件。

2. 让学生能够更加清楚地知道自己需要的是什么，从而为自己确定努力的方向。让学生对自己的未来做一个规划，这有助于学生更好地进行学习。

【方法】

1. 小组活动。将学生分为招聘组和应聘组。招聘组再分为6个招聘小组，每个小组2个人；6个小组分别代表6个企业，提供若干岗位。应聘组的学生向招聘组递交个人简历（见表3-1），同时填写一份就业面试测试题（见表3-2）。

2. 不管是应聘组的学生还是招聘组的学生，在经历了这个模拟招聘以后，都会有一定的感想，将感想写出来有利于学生对自己的表现进行反思，还有利于学生在真正应聘时找到自己的优劣势。

表 3-1 个 人 简 历

姓名		性别		出生年月	
政治面貌		民族		籍贯	
学历		毕业院校		专业	
联系电话			电子邮件		
邮编		地址			
个人简历					
爱好特长					
相关证书					
自我推荐					

表 3-2 就业面试测试题

题目	答案
你觉得自己在学校期间干得最出色的一件事是什么？	
你认为自己应聘此职位的优势是什么？	
你认为自己的缺点主要有哪些？	
你有怎样的工作观？	
你对应聘职位是否有持久的兴趣，会视为终身职业吗？	
你认为自己所应聘职位的员工应有哪些义务？	
你对琐碎的工作是讨厌还是喜欢？	
除应聘职位外，你对该企业的哪个职位还感兴趣？	
对你的工作有激励作用的因素有哪些？	
你更喜欢独自工作还是协作工作？	
当你工作遇到困难时，是放弃还是想办法完成？	

主题 3.2　如何提高自身实力

　　一个人能否成功，关键在于他的心态。成功人士与失败者的差别在于成功人士有积极的心态。

做中学　　每位同学想想并举出例子，说出进入中职学校后，通过学习开设的专业技能课和技能训练课，你都学到了哪些以前从来不会的技能和本领，你收获了什么。

　　用 5 分钟将例子写在一张纸上，先在组内交流，然后每组推选出两名同学，代表本小组在全班交流。

3.2.1　开发潜能，提高职业化素质

1. 素质冰山理论

　　美国学者莱尔·M. 斯潘塞（Lyle M. Spencer）和塞尼·M. 斯潘塞（Signe M. Spencer）在《工作素质：高绩效管理》一书中，从特征的角度提出了"素质冰山模型"，如图 3-2 所示。如果把一个员工的全部才能看作一座冰山，浮在水面上的是他所拥有的行为、知识和技能，这些是员工的显性素质，约占 1/8，可以通过各种学历证书、职业资格证书来证明，或者通过专业考试来验证。而潜在水面之下的是他的态度、价值观、个性品质、动机（内驱力）等，这些是员工的隐性素质，约占 7/8，反映出该员工的职业道德、职业意识和职业态度。显性素质和隐性素质的总和构成了一个企业员工所具备的全部职业素质。

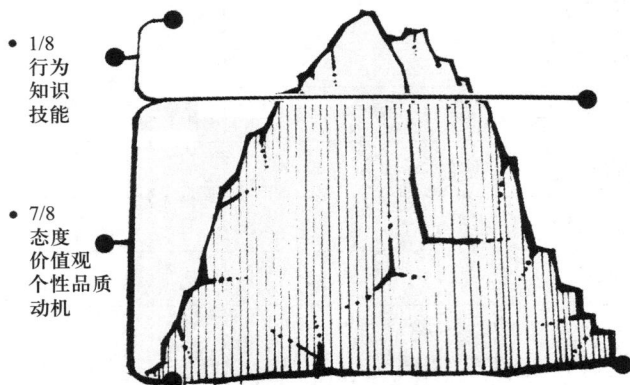

- 1/8
  行为
  知识
  技能

- 7/8
  态度
  价值观
  个性品质
  动机

图 3-2　素质冰山模型

素质冰山模型把个体素质形象地描述为漂浮在海面上的冰山，其中行为、知识和技能属于裸露在水面上的表层部分，这部分是对任职者基础素质的要求，但它不能把表现优异者与表现平平者区别开来；而潜藏于水下的深层部分的态度、价值观、个性品质、动机（内驱力）等，才是区分表现优异者与表现平平者的关键因素。相对于行为、知识和技能而言，这部分不容易被观察和测量，也难以改变和评价。

素质冰山模型告诉我们，看得见的仅仅是一个人的行为、知识和技能，这一部分是容易被测量和观察的，因而可以通过有针对性的培训得到，也是容易被模仿的。而看不见的有他的态度、价值观、个性品质、动机（内驱力）等，这一部分处于冰山的最下层，是比较难以评估和改进的。但在人才选拔时，这部分内容最具有选拔的预测价值，同时它也是"素质冰山理论"的核心内容。隐性素质支撑着显性素质，在深层次上影响着一个人的发展。

2. 个人潜能的开发

在心理学上，"素质冰山理论"将员工的才能分为本能和潜能。本能，指员工的显性素质；潜能，指员工的隐性素质。要提升员工职业素质，就要重视隐性方面的内容，因为它占素质的 7/8，同时还深刻地影响着 1/8 的显性素质。如果一个人的隐性素质不加以激发，那么它只能潜意识地起作用；如果能够得到足够的开发，那么对一个人素质的提升会产生巨大的影响。

一个人要实现自己的职业生涯目标，干出一番属于自己的事业，就要在树立自信、明确目标的基础上，进一步调整心态、开发潜能，这一点极为重要。

开发自身潜能，是一场发生于身心的自我革命，必须有坚强的意志做保障。意志是一个人成功的基本条件，缺乏意志的人，实现不了开发潜能的任务。

开发自身潜能，要勇于思考、善于思考，有一定的创新能力。创新是所有潜能中最重要的潜能，创新能力是个人能力的最高境界。要有独立自主的意识，养成独立思考的习惯，敢于打破思维定式，不迷信权威，不人云亦云。勇于思考和善于思考是提高创新素质的基本要求。

开发自身潜能，要加强学习和实践。一个人潜能的开发，归根到底要通过学习与实践来完成。学习可以开发自身潜能，提高自身能力，只有不断地学习，才能保持旺盛的生命状态。学会如何学习比学习本身更重要。

任何平凡的人，只要经过潜能开发训练，使潜能得到适当的发挥，都可以干出一番惊人的事业。无论现在事业有成还是事业无成，无论年老者还是年轻人，只要相信自己，相信自己的潜能，并用科学的方法加以开发，就一定会有所作为。一名员工职业素质的高低决定了企业的未来发展，也决定了员工自己未来的发展。只要具备了职业化素质，那么你就拥有了相当的职业竞争力，也就迈出了获得成功的第一步。

爱迪生小时候曾被学校教师认为愚笨而失去了在正规学校受教育的机会，却成为世界上著名的发明大王，一生完成 2 000 多种发明创造。他在留声机、电灯、电话、有声电影等许多项目上进行了开创性的发明，从根本上改善了人类的生活质量。这是人的潜能得到很好开发的一个典型。

3.2.2　改变习惯是改变命运的开始

习惯是长时期逐渐养成的，包括一时不容易改变的行为、倾向或社会风尚。习惯不是先天遗传的，而是在后天的环境中习得的。

习惯是养成教育的产物，习惯形成是学习的结果。习惯可以在有计划、有目的反复训练的基础上形成，也可以在无意识中多次重复同一动作的基础上形成。习惯也是条件反射长期积累、反复强化的产物。

在一个人一天的行为中，大约只有 5% 是属于非习惯性的，剩下 95% 的行为都是习惯性的。习惯对我们的生活有重要影响，因为它是一贯的，在不知不觉中影响着我们的品德，暴露出我们的本性，左右着我们的成败。

习惯决定着你活动空间的大小，也决定着你的成败。

> 习惯是一个人的资本，你有了好习惯，一辈子都有用不完的"利息"；你有了坏习惯，一辈子就有偿还不了的"债务"。

习惯有好与坏之分，好习惯造就人，而坏习惯即使不毁损人，也会成为绊脚石。成功的事业和人生，其实是好习惯延续的必然结果；失败的事业与人生，则大抵是坏习惯导致的恶果。习惯并不是一成不变的，只要经过较长时间的强化训练和影响，就能发生改变。改掉坏习惯，养成好习惯，你的命运就会有所不同。

我们常说命运是可以把握和改变的，而把握和改变的秘诀是两个最普通、最简单的字——习惯。习惯是由一再重复的思维方式和行为方式所养成的，因此，只要能够形成正确的思维方式和行为方式，养成良好的习惯，我们就可以掌握自己的命运。

让你的行为变成习惯，需要持之以恒的毅力。凡是做事，只要看准方向、找准目标，坚持去做，成绩就会越来越显著；如果做什么都没有恒心，三天打鱼，两天晒网，就会一生平庸、无所成就。

一个好的习惯养成之后，将成为我们受用终生的财富。

好习惯是成功的阶梯，你的好习惯越多，你离成功越近。培养了好习惯，也就塑造了良好的性格，进而会将你带入进步、成功、幸福的坦途。

体验活动

活动2：你的一天是怎样度过的？

【目的】

通过该体验活动，使同学找到浪费时间的习惯是什么，从而意识到时间的宝贵及习惯养成的重要。

【方法】

学生每4人分为一组，每人都填写表3-3，结合问题在组内交流。以组为单位，计算出每个小组的时间利用率，并做总结，进行全班交流。

表3-3　一日时间安排

时间类别	所需时间/分钟
上课时间	
利用课余时间（参加第二课堂、兴趣小组等活动）	
课后学习时间	
平均每节课前浪费的时间（需要多少分钟才能集中精神听课）	
上课发呆、做小动作时间	
课后玩耍时间	

注：1. 学习时间＝上课时间＋利用课余时间＋课后学习时间－平均每节课前浪费的时间－上课发呆、做小动作时间

2. 一天时间利用率＝学习时间/24小时

问题：

1. 你的时间利用率高吗？

2. 主要是什么习惯造成的时间浪费？如何改进？

主题 3.3　职业态度决定一切

凡事都要脚踏实地去做，不驰于空想，不骛于虚声，而唯以求真的态度做踏实的工夫。以此态度求学，则真理可明，以此态度做事，则功业可就。

你有积极的心态吗？请填写表3-4，看一看你具有哪些积极的心态。

表 3-4   积极心态的表现

心态的表现	是	否
有一颗感恩的心		
我喜欢与心态积极的人相处		
我与心态积极的人在一起时效率更高		
我能让心情不好的人变开心		
我关注周围人的优秀表现		
我见到别人时总是笑容满面		
在遇到困难的时候首先想着如何去克服，而不是害怕和逃避		
虽然失败，但是可以很快调整心态，重新投入		
对事物有好奇心		
在生活中能够发现美丽		
办事不拖延，今日事，今日毕		
无论做什么事都有计划		
能合理分配时间		
从不为暂时的不得志找借口		

3.3.1   事业成败在于做事的态度

态度是人对某种现象或某件事情相对稳定的心理倾向。态度是内心的一种潜在意志，是个人的能力、意愿、想法、价值观等在工作中的外在表现。

1. 态度决定一切

知识、技能、态度是影响工作进行的三个重要因素，知识代表着是什么，技能代表着怎么干，态度代表着是否愿意干。其中，态度起到带动的作用。

我们对龟兔赛跑的故事耳熟能详。在人生的竞争中，知识、技能就像兔子一样在起点时使人跑得快，但要跑得远、跑得久，要像乌龟一样在最后胜出，态度至关重要。

龟兔赛跑

每个人都有自己的工作态度，有的勤勉进取，有的悠闲自在，有的得过且过。工作态度决定工作成绩。态度越主动、越积极，前程便越光明、越美好，用什么样的态度面对人生，就会拥有什么样的人生。正确的态度，是坚持正确的前进方向的重要保证，也是我们知难而进、走向成功的精神支柱。

态度就是竞争力，积极的工作态度始终是你脱颖而出的砝码。拥有它，你将在竞争激烈的职场上走得更顺利。

面对人生，如果说知识和技能是走向成功的阶梯，那么态度就是使你更快迈向成功的助推器。

2. 没有卑微的工作，只有卑微的态度

在整个社会中，有形形色色的工作岗位。虽岗位不同，却没有高低贵贱之分，有的只是所负的责任不同。

工作做不好的原因或许不是工作本身，而是你的态度。正是一些你认为的卑微小事，才会影响你的大事业。很多时候，影响成败的不是事情本身，而是做事的态度。

没有卑微的工作，只有卑微的工作态度，无论你从事的工作多么琐碎，都不要轻视它。所有正当合法的工作都值得被尊重。只要你勤勤恳恳地劳动，没有人能贬低你的价值，关键在于你怎么看待自己的工作。小事情其实正是大事业的开始。既然接受了这个职业，接受了这个岗位，就必须接受它的全部，而不仅仅只享受它给你带来的好处和快乐。

每一件事都值得我们用心去做，我们没有理由贬低自己的工作。世界上没有可藐视的工作，也没有低贱的工作，只有卑微的工作态度，我们的工作态度完全在于我们自己。只有不看轻自己工作的人，才能成就大事，才能在激烈的竞争中立于不败之地。

阅读材料　　有这样一个小故事：三个工人在砌一堵墙。有人过来问他们："你们在干什么？"第一个人抬头苦笑着说："没看见吗？砌墙！我正在搬运那些重得要命的石块呢！这可真是累人啊……"第二个人抬头苦笑着说："我们在盖一栋高楼。不过这份工作可真是不轻松啊……"第三个人笑容满面地说："我们正在建设一座新城市。我们现在所盖的这幢大楼未来将成为城市的标志性建筑之一！想想能够参与这样一个工程，真是令人兴奋。"

十年后，第一个人依然在砌墙；第二个人坐在办公室里画图纸——他成了工程师；第三个人是前两个人的领导。可见，一个人的工作态度折射着人生态度，而人生态度在很大程度上决定一个人一生的成就。

3.3.2　用做大事的心态做好小事

1. 工作无小事

每个人所做的工作，都是由一件件小事构成的，你所做的每一件看似琐碎的小事，往往起着关键的作用。只有把小事做好，在小事中不断积累经验，培养踏实果断的工作作风，才能在做小事中不断提高自己的工作水平。

英国谚语说："从一滴水中可以看出整个世界。"在做小事当中就可以看出一个人的工作能力和作风。只有做好小事，在小事中不断积累，在做大事的机会出现时，才能有所准备，有的放矢。

不管你从事什么样的工作，忽略了小事就难成大事。老子曾说："天下难事，必作于易；天下大事，必作于细。"它精辟地指出了想成就一番事业，必须从简单的事情做起，从细微之处入手。从小事开始，逐渐锻炼自己的意志，增长智慧和才干，才能干好工作。而眼高手低，不从细小工作做起的人，是永远干不好工作的。小事可以折射出一个人的综合素质，以小见大，见微知著。从小事做起，从每一项工作、每一件事情做起，不仅认真对待工作，将小事做细，而且注重在做事的细节中找到机会，才能赢得大家的信任，从而使自己走上成功之路。

2. 小事做到位

把"小事做到位"当作一种习惯、一种工作态度，成功离你就不远了。一个能把小事做好、做到位的人，将来自然能做成大事；而一个只想着做大事的人，他会忽略很多小事，但大事是由很多小事组成的，最终他是很难成功的。

> 先把小事做好做到位，就是"干大事"的重要前提。

在工作中每个人都应严格要求自己，把工作做到位。要完成 100%，而绝不只做到 99%，因为只有做到 100% 才算合格，你的工作才算做到位。

一些成功人士都对"把小事做好、做到位"看得很重。职场上的成功者，他们与我们做着同样简单的小事，唯一的区别就是，他们是把小事做得尽善尽美的人。小事做到位，离不开"认真"二字，体现的是一种追求尽善尽美的精神，体现的是一种追求完美的工作态度。在实际工作中，唯有把每一件寻常的事做得不寻常，追求细节的完美，才是走向成功的最佳途径。

> **阅读材料**
>
> 希尔顿饭店的创始人康·尼·希尔顿就是一个注重"小事"的人。康·尼·希尔顿要求他的员工："大家牢记，万万不可把我们心里的愁云摆在脸上！无论饭店本身遭到何等的困难，希尔顿饭店工作人员脸上的微笑永远是顾客的阳光。"正是这小小的永远的微笑，帮助希尔顿饭店的身影遍布世界各地。

体验活动

活动3：走向成功

【目的】

让学生理解过去是不是很优秀没有关系，重要的是未来是什么样的。

【要求】

阅读下列案例资料，回答问题，填写在横线上。

用户的需求永远是大事

有一年夏天，一位60多岁的老太太购买了一台海尔空调，使用了几天后，给售后服务部打电话说空调有点问题。维修师上门检测后发现空调一切正常。几天之后，她再次打电话说空调还是有点问题。维修师第二次上门服务，经仔细检测后确认没有任何故障。又过了几天后，她第三次打电话说空调的确有点问题。

夏季正值空调使用高峰期，空调销售进入旺季，售后维修人员也十分忙碌。在接到这位顾客的电话后，维修师第三次上门服务，经反复检测，该空调确实没有故障。此后，维修师每天上班的第一件事就是给这位老太太打电话，询问空调有没有问题。

当第一天打电话时，老太太还吞吞吐吐地说："空调吗，没、没什么问题吧！"当第三天打电话时，老太太非常感动地说："空调没问题，空调没问题了，不用再来电话了！"售后维修师终于让用户满意了。售后维修师尽职尽责，把一件寻常小事做到了不寻常，通过打电话回访这件不起眼的小事终于让用户放心、满意、认可了海尔的产品。

你认为售后维修师让用户满意的主要原因是什么？

_____

_____

如果是你，你会怎样做？

_____

_____

_____

总　　结

人是企业文化的主体，企业中最具代表的人就是企业的员工，即职业人。

中职生尽管有一定的专业知识和技能，但要完成由一名中职生向职业人的转换，真正融入职场，成为一名合格的员工，就要培养敬业精神；遵守职场守则和纪律；有坚定不移的执着精神，不抛弃、不放弃；懂得一个人的力量是有限的，融入团队会更优秀；要学会与人沟通、交流，学会沟通艺术，运作好人际关系，这是事业成功的重要环节。

步入职场成为一名合格的员工，应具备一定的职业化素质。既要具备良好的职业知识、技能与行为等显性职业素质，还要具备职业道德、职业意识与职业态度等隐性职业素质。如果你具备了职业化素质，就会具有一定的职业竞争能力，这是你迈出成功的第一步。

如果说职业化素质是走向成功的阶梯，那么积极的工作态度就是你脱颖而出的砝码，是使你更快迈向成功的助推器。树立积极正面的职业心态，养成良好的职业习惯，将使你受益终身，将会让你步入进步、成功、幸福的坦途。习惯改变命运，态度决定一切。

第 **4** 单元　典型企业文化：旅游服务类企业

单元导读

旅游服务业属于第三产业，俗称"无烟产业"，也是现代服务业中的"朝阳产业"。旅游服务业的发展，可带动交通运输、住宿、餐饮、娱乐等十几个相关产业的发展，是无污染、高就业的产业，可吸纳不同层次的人群就业。

中职学校旅游服务类专业的学生，即将就业的岗位可能是旅行社、酒店、交通运输、游览娱乐等企业的服务人员，了解这类企业的企业文化，对同学们上岗后能在服务岗位上尽快融入企业会有很大帮助。

本单元将以餐饮业的全聚德和旅游业的中国国际旅行社为例，来讨论旅游服务业的企业文化。

本单元重点介绍三个主题：旅游服务类企业的企业文化概述，百年老店——全聚德的企业文化，中国国际旅行社的企业文化。

学习目标

通过本单元的学习，你能够：

- 列举旅游服务类企业文化的构成特点及关键礼仪。
- 列举百年老店——全聚德企业文化的主要特点。
- 了解中国国际旅行社企业文化的主要特点。
- 描述自己通过本单元的学习获得的启示。
- 独立或与他人合作完成四个活动。

主题 4.1　旅游服务类企业文化概述

一个人的成功，15%是靠专业知识，85%是靠人际关系与处事能力。

做中学　　　参观一家旅游服务类企业，请同学们分组做以下三项工作：仔细观察该企业体现文化内涵的相关资料；思考该企业文化与校园文化的区别；思考该企业文化有何特征。将所观察的资料和所思考的问题填入表4-1。

表 4-1　　　　　　　　　　企业文化资料收集表

项目	主要内容描述
企业文化资料	
企业文化与校园文化的区别	
企业文化特征	

4.1.1　旅游服务类企业文化的含义及特点

1. 旅游服务类企业文化的含义

旅游服务类企业包括旅行社、酒店、交通运输、游览娱乐等直接经营旅游服务的企业。这类企业兼具经济功能和社会功能，综合性强，关联度大，带动面广，对经济发展、社会进步、文化交流的发展起着重要作用。可以说，旅游服务类企业的发展直接影响着经济、社会的全面发展。这类企业具有特有的价值取向和行为方式，构成这类企业的企业文化包括企业价值观、企业精神、企业制度、企业风貌及企业形象等。这些企业文化是企业历史发展的积淀，能充分挖掘企业员工的潜能和智慧，增强员工的凝聚力，引导企业领导层和员工保持企业的科学、可持续发展。

2. 旅游服务类企业文化的特点

服务特点　　　旅游服务类企业的生产经营活动以服务为中心，服务理念、服务规范、服务方式是旅游服务类企业的核心文化内涵。服务是旅游服务类企业工作的出发点和落脚点，有了优质的服务结果，旅游服务工作才有实际意义。例如，酒店是为顾客餐饮、住宿提供服务，旅行社是为顾客游览观光提供服务，交通运输是为顾客出行提供服务。为宾客提供尽善尽美的服务是旅游服务类企业文化的基本特点，服务文化是旅游服务类企业的突出特点，也是企业文化的核心价值观的体现。

文化特点　旅游服务类企业的服务对象具有复杂多样的社会文化背景，企业需要了解不同国家、地区的文化传统和价值观，尊重宾客的风俗习惯；旅游本身是一种高层次的享受，旅游服务类企业的文化意识越强，员工的文化素质越高，所提供的文化品位越高，越能满足顾客的需求。因此，文化是旅游服务类企业文化的重要特征。如五星级酒店，除了有豪华舒适的客房、餐厅，还有公共音响传播系统播放背景音乐，使顾客在优美的音乐声中放松心情；有各种商务设施、会议设施、健康娱乐设施满足不同顾客的文化需求；有同时用规范的中英文表示的各种指示和服务牌，还有能同时用中英文甚至第二种外语提供服务的服务人员。

人文特点　旅游服务类企业提供的产品是服务，而且是员工与顾客面对面的服务。旅游服务人员是产品的直接生产者和销售者，服务人员的言行直接影响产品的销售和企业的形象。员工是企业最宝贵的资源和财富，员工要对企业有归属感、拥有感、使命感，管理者要视员工为上帝，员工视顾客为上帝，这种对员工和顾客个人的尊重，都是人文精神的体现。人文精神是旅游服务类企业文化的基本特点之一。例如，某酒店对员工的信任、尊重和宽容，使得公司上下气氛和谐，创造了一种轻松愉快的工作环境，使得该酒店获得其经营管理中的两大法宝——团队精神和微笑。每一天，每一家酒店，成千上万的员工都会自豪地为每一位顾客提供他们所能享受到的最好的服务，使客人感到宾至如归。

个性特点　在市场经济条件下，旅游服务类企业要想在激烈的市场竞争中立于不败之地，就要在产品、服务和经营方式上独树一帜，形成自己独特的风格。个性鲜明的经营理念是旅游服务类企业文化的主要特点。例如，许多以某一特定主题来体现酒店特色的"主题酒店"，让顾客获得富有个性的文化感受，同时将服务项目融入主题，以个性化的服务取代一般化的服务，让顾客获得欢乐、知识。

> **想一想**：依据旅游服务企业这些特点，同学们应该学习掌握哪些知识和技能？

阅读材料

成都欢乐谷的优质服务

打造主题特色　提升场景沉浸感

在成都欢乐谷，各区域文化氛围和主题场景特色突出，为游客打造别具一格的地域人文风情。利用园内空旷区域（桥面、墙面、路面）进行涂鸦或氛围包装，动感有趣，吸引眼球，既烘托区域氛围，也方便宣传园内经营、餐饮、演艺、游览车等特色服务产品，增加游客二次消费的意愿。

搭建情感链接　人文关怀注活力

在国际化背景下，成都欢乐谷为广大游客提供了多种语言景区讲解；提供双语服务。场馆项目所有体验者皆按 VIP 待遇接待，让游客宾至如归。

对内科学管理　突出员工主体性

对内实施科学管理，以"意识＋模式＋文化"为根基，着重精神层面激励，有效利用进入员工通道视线，营造积极向上的工作氛围，提醒员工做好入园前一刻状态准备。关心员工多层次需求，提升员工幸福感，促进员工自由、主动、积极发展，自我完善，以"立体化"培训、"全程化"宣贯、"系统化"督导、"精细化"保障，构建长效服务机制，保证员工有与之相关的公司决策参与感及主人翁意识，促使员工自信热情地接待每一名游客。

全民积极参与　共建有爱大家庭

环卫人员与园区建立了良好的合作关系，有效运用节庆角色扮演。秋季，环卫人员主动服务园区，将落叶堆扫成爱心形状，供游客驻足拍照，增加游客体验感。

议一议：成都欢乐谷的服务有什么特点？

4.1.2　旅游服务类企业文化精粹及礼仪关键要素

1. 旅游服务类企业文化精粹——宾至如归

我们在很多旅游服务类企业的大堂中都能看到"宾至如归"四个大字，这意味着宾客至此，就像到家一样。旅游服务类企业信守"宾至如归"，因为宾客期盼"如归"，这需要企业树立"如家"的企业形象。员工的形象是企业形象的代表，旅游服务类企业要求员工热情礼貌、姿态良好、语言文明、行为规范，以个人形象塑造企业形象，展示企业精神风貌，为企业赢得良好的声誉。无论宾客来自何方，有何信仰，是何职业，都像到家一样快乐舒适。顾客满意是旅游服务类企业永恒的追求。

> **想一想**：如果你是一名酒店楼层服务员，接待一名初次入住的宾客，如何使宾客感受到"宾至如归"？

2. 旅游服务类企业文化礼仪的关键要素

如何才能让顾客得到如家的感觉呢？这需要服务人员提供亲切、热情、诚恳、谦恭的服务，要求服务人员掌握服务礼仪的五个关键要素。

微笑　微笑是旅游服务类企业员工自身的需要。微笑是一种健康有益的表情；微笑是客人感情的需要，能使客人产生心理上的安全感、亲近感和愉悦感；微笑是旅游服务类企业效益的需要。微笑可以赢得高朋满座，世界上不少知名企业家都把微笑奉为治店法宝、企业的成功之道之一。微笑要甜美真诚，与他人视线相迎。

问候顾客　热情的问候能很快消除顾客的顾虑，使企业员工与顾客关系融洽。问候顾客要面带微笑，使用尊称和敬语。问候要看对象，注意内外有别；问候要看时间，注意早、午、晚有别；问候要看情况，情况不同，问候有别。

正确运用肢体语言　肢体语言能表达丰富的情感，它应用广泛、使用便捷、自由灵活，主要包括表情语、手势语、体姿语。表情语要真诚自然、适度得体、协调专一；手势语要适合语境、言行一致、恰到好处、自然优雅；体姿语要力戒失礼，注意习俗。

进行眼神交流　服务人员要掌握用眼神表达热情、真诚和关怀的能力，在更高层次上为顾客服务。在与顾客交谈或倾听时，要注视对方的眼睛或面部，眼神要坦荡、神采奕奕，表现出热情自信、奋发向上的精神面貌。

向顾客致谢　顾客离开时，要热情道别，并致谢意，欢迎再次光临。让顾客感受到他们的到来对企业很重要，企业期待顾客的再次光临。

阅读材料

礼貌用语顺口溜

初次见面说"久仰"，看望别人用"拜访"，请人勿送用"留步"，

对方来信叫"惠书"，请人帮忙说"劳驾"，求给方便说"借光"，

请人指导说"请教"，请人指点用"赐教"，赞人见解用"高见"，

归还原物叫"奉还"，欢迎购买叫"光顾"，老人年龄叫"高寿"，

顾客来到用"光临"，中途先走用"失陪"，赠送作品用"斧正"，

等候客人用"恭候"，求人原谅说"包涵"，麻烦别人说"打扰"，
好久不见说"久违"，托人办事用"拜托"，与人分别用"告辞"，
求人解答用"请问"，赠送礼品用"笑纳"，表示感谢用"多谢"。

体验活动

活动1：编写情景剧——服务岗位接待顾客

【目的】

通过情景剧的编剧，帮助同学们加深对旅游服务类企业文化精髓"宾至如归"的理解，进一步认识服务岗位礼仪的"五要素"；通过小组合作，培养团队精神。

【要求】

1. 同学独立编写5分钟情景剧，要求剧中情节体现服务岗位接待礼仪的五个关键要素。

2. 同学4~6人为一组，讨论并评选出优秀剧本，然后分角色做表演准备。

活动2：表演情景剧——服务岗位接待顾客

【目的】

通过情景剧的表演，使同学们加深对旅游服务类企业文化精髓"宾至如归"的理解，学会正确运用服务岗位礼仪的"五要素"；通过小组合作，培养团队精神。

【要求】

1. 各组派同学表演情景剧，其他同学评价各组的表演是否使服务对象感受到了宾至如归。

2. 按剧本和表演评出超级小组和出色小组，按服务水平评出优秀服务员。

主题4.2 百年老店——全聚德的企业文化

坚守诚信是成功的最大关键。

做中学   收集查阅有关全聚德的资料，有条件的地区可组织学生参观全聚德烤鸭店，分组思考、讨论三个问题：全聚德的名称说明什么？企业是如何成就百年老店的？全聚德的企业文化特点是什么？搜集全聚德的企业文化内容，填入表4-2。

表 4-2　全聚德企业文化

项目	内容
创始人	
创立时间	
核心价值观	
企业发展经历的阶段	
企业人才理念	

4.2.1　在历史的长河中看全聚德

同治三年（1864 年），前门外肉市胡同一家叫"德聚全"的干鲜果铺生意不好，濒于倒闭，一直在附近以售卖生鸡生鸭为生的杨全仁得知此消息，便盘下了德聚全店铺，并改名"全聚德"。

品牌经营　全聚德跨越了三个世纪，从一家只经营烤鸡、烤鸭和烤炉肉的小铺逐渐发展成为以烤鸭为龙头，集各大菜系之所长的中华老字号品牌，成为中华美食的代表之一，成为中外交流的桥梁，续写着传奇的创业故事。

"鸭要好、人要能、话要甜"这是老全聚德的九字真经，也就是我们现在所说的企业经营理念。

所谓"鸭要好"，就是保证填鸭和烤鸭的质量。全聚德的填鸭一律来自北京城西北方向，地处玉泉山山脉上，这里水质好，富含矿物质，因而鸭子肥嫩鲜香。鸭子用谷物喂养，肉质没有腥味，清香怡人。

所谓"人要能"，就是店中的师傅、伙计个个都是能手。招聘来的热菜厨师几乎都是别的店铺的顶梁柱；即使是招徒弟，也是反复挑选。

所谓"话要甜"，就是服务态度必须好。每当饭时，掌柜、堂头、卖头都要在门口过道里迎候顾客。无论生熟、无论忙闲、无论晴天雨天，总是笑容可掬、礼貌周全。

可见，如果没有过硬的技术，没有高质量的菜品，没有上好的服务，就很难获得顾客的青睐。北京诗词学会会长段天顺先生曾写竹枝词：

> **生　意　经**
>
> 不灭挂炉越百年，问说诀窍有多般。
>
> 精明老店传经道，鸭好人能话儿甜。

全聚德从政府部门或旅游餐饮行业选聘专家和专业技术人员作为质量监督检查员，这些人以普通顾客身份到店里"就餐"，实际上是按照全聚德的质量标准对菜品、服务与管理进行检查。通过他们的反馈，管理层可准确、客观、及时地了解每一个成员企业的经营情况，对存在问题的企业限期整改，以保证成员企业的经营管理质量。

全聚德自 1864 年创业以来，已经走过了 150 多年的历程，由成立之初的无名小店发展成为国内一家大型餐饮集团，2019 年第 16 届"世界品牌大会暨中国 500 最具品牌发布会"发布的 2019 中国 500 最具品牌价值排行榜中，全聚德以 258.12 亿元位居第 223 位，为国内餐饮业第一，是最能代表北京经济形象的标志性产品之一，在中外游客中有"不到长城非好汉，不吃全聚德烤鸭真遗憾"之说。

文化创新　全聚德的环境文化定位，充分体现了全聚德文化的多样性和丰富内涵。全聚德和平门店是宴请国内外政要首脑的重要场所，因此该店以"名人、名店"效应为出发点，环境风格以高雅祥和为特色。其中，"名人苑"的设计思想以描写龙凤呈祥、群贤毕至的意境，寓意中华民族振兴、全聚德事业兴旺。由众多国家元首在全聚德用餐时留下的珍贵照片组成的"名人墙"以及 100 多个国家的大使签名留言组成的"百名大使签字墙"更是引得顾客驻足观赏，赞叹全聚德独特的人文景观。

全聚德前门店是全聚德的起源店，已经具有 150 多年的历史。由于该店的特殊意义，建店初期的全聚德铺面老墙被原样移至大厅内，并在老墙后面依照旧式摆设恢复了老铺风貌，同时采用京味跑堂服务方式，传统的八仙桌、青色地砖、木质阁楼、老式的留声机、黑漆柜台，伴随着穿戴青衣小帽的伙计们热情的吆喝，传统怀旧的文化风貌尽收眼底。

全聚德王府井店的"萃锦园"则融合"王府"特色，取"集萃锦绣"之意，仿清代王府建筑之风格，摘皇宫王府的亭、阁、轩、堂之名。萃锦园内雕梁画栋，紫木回廊环绕，厅堂内的诗文画墨风格迥异，更显王府华贵文儒的风采。

全聚德亚运村店体现出"时尚品位、王者风范、人文奥运"的主题特色，是全聚德集团服务于"新北京、新奥运"而倾力打造的餐饮文化的现代经典。

可以看出，独特的老店文化是名人文化、王府文化的根源。名人文化反映了老店文化的时代特征；王府文化、奥运文化则是一种融合文化，它是在老店文化的基础上融合了京城独有的宫廷文化、西方文化而衍生出来的。"全聚德"品牌价值与文化品位的完美统一，使全聚德的环境文化得到了升华和延续。

全聚德闪光的金匾，历经百年沧桑，讲述着古老的故事，记录着几代人的艰辛与成果。新一代全聚德人继承和弘扬民族优秀饮食文化成果，以繁荣和发展中华饮食为己任，充分发挥老字号的品牌优势，立足北京，面向全国，走向世界。

全聚德这几年走过的路程就是一个破除旧观念，改造旧体制，赋予老企业新生机、新体制的过程。这是一个痛苦的过程、循序渐进的过程，而且这个过程到目前还没有最终完成，还有很长的路要走。

4.2.2　全聚德企业文化的内容

中国全聚德（集团）股份有限公司通过对集团整体现状进行科学、系统、深入的分析，研究全聚德集团的历史和发展，总结出全聚德集团组建以来的成功经验，提炼出全聚德集团的文化精粹，形成了全聚德企业文化理念的基本内容，如表 4-3 所示。

表 4-3　全聚德企业文化理念

要点	基本内容
核心价值观	全而无缺，聚而不散，仁德至上
企业愿景	中国第一餐饮，世界一流美食，国际知名品牌
企业使命	弘扬中华饮食文化，奉献人类健康美食
企业目标	构建和谐企业，创建学习型组织，打造餐饮联合舰队
企业精神	想事干事干成事，创业创新创一流
企业作风	脚踏实地，求真务实；知难而进，雷厉风行；团结协作，追求卓越
品牌理念	诚信得天下，全聚至永远
人才理念	百年基业，以人为本；德才兼备，以德为先
经营方针	发挥品牌优势，坚持诚信为本，贯彻精品战略，实现持续发展
管理方针	健康餐饮，精品美食；顾客至上，精诚服务；信息畅通，精确快递；遵守法规，精准执行；环保降耗，精简节约；科学管理，精益求精

阅读材料

全聚德的"三转"

所谓"三转"，即服务员围着顾客转，厨师围着服务员转，后勤围着一线转。

服务员直接面对顾客，顾客是通过服务员来与厨师打交道的，可以说，服务员是顾客的代言人，顾客是上帝，大家都要围着顾客转。

厨师接到服务员送来的菜单后，要随接随炒，不能压单。配菜师傅要巧妙地安排上菜次序，鸭子烤好出炉后，保证三分钟之内上到餐桌。

后勤人员要想一线之所想、急一线之所急，想方设法保证货源供应，保证设备完好，保障员工福利，切实做好一线服务的后备军。经过一番整顿，三转精神切切实实落在了每一位员工心中，使他们本着一份热心、诚心、耐心，服务于来店的每一位客人。

体验活动

活动3：模拟酒店服务场景

通过书籍、媒体及网络教学，更深入地了解全聚德烤鸭店的发展历史，思考问题。

1. 分析全聚德经营了百年且愈加红火的原因。

2. 收集正反企业经营案例，说明一个道理：能够使企业长久生存的不是有形资本，而是无形的信誉，有形的资本终究会因贬值而消失，而无形的信誉则是企业生存与发展的无价之宝。对于服务行业，无价之宝的信誉是什么？

3. 检查自己的职业观与企业要求之间的差距。

主题4.3　中国国际旅行社的企业文化

人之所以爱旅行，不是为了抵达目的地，而是为了享受旅途中的种种乐趣。

做中学　教师组织学生以游客的身份分别去本地的各家旅行社进行现场咨询，注意观察该旅行社的企业文化表征，体会该旅行社接待人员的职业素养，完成表4-4的填写。

表4-4 　　　　旅行社企业文化资料收集表

项目	内容
你为什么选择该旅行社	
你认为该旅行社能够体现其企业文化的内容表现在哪里？（提示：企业环境如何？是否有有关企业文化方面的标识？等等）	

续表

项目	内容
该旅行社接待人员的职业素养如何？（提示：服务热情吗？对你微笑了吗？业务熟练吗？等等）	
你如果真的想跟团旅游的话，你会选择这家旅行社吗？为什么？	

4.3.1　中国国际旅行社有限公司概况

中国国际旅行社有限公司（China International Travel Service Co.，Ltd），其前身是中国国际旅行社总社（China International Travel Service Head office），简称中国国旅，英文缩写 CITS，成立于 1954 年，是我国目前国内规模最大、实力最强的旅行社企业集团。截至 2019 年底，中国国旅拥有 584 家全资、参控股子公司，总资产近 1 300 亿元。

中国国旅（CITS）已成为品牌价值高、主营业务突出、在国内外享有盛誉的中国旅游企业，2019 年荣登中国 500 最具价值品牌排行榜第 48 名，"国旅"及"CITS"品牌价值 816.95 亿元，居国内旅游业第一。

中国国际旅行社总社的成立，标志着新中国国际旅游业的开始。它经历了初创、开拓、发展三个历史阶段，可以说是中国国际旅游业的缩影。

4.3.2　中国国际旅行社有限公司企业文化的内容

国旅文化　　　国旅文化、国旅精神（见表 4-5）是中国国旅 60 多年时间形成的宝贵财富，是国旅总社重要的无形资产，它培育了一代又一代的国旅人。

表 4-5　中国国旅企业文化

要点	含义
企业价值观	诚信为本、追求卓越
企业精神	敬业、和谐、激情、创新
企业愿景	努力打造以产品和服务为核心竞争力的世界一流的全球化旅游综合服务运营商
发展目标	成为以产品和服务为核心竞争力的、世界一流的全球化旅游综合服务运营商。其主要内涵是：打造消费者满意、具有核心竞争力的自有产品；构建标准统一、服务优质的客户服务体系；打造线上线下一体化的全渠道批零销售体系；树立安全信赖、服务卓越的品牌形象；建立行业领先的数字化支撑体系

续表

要点	含义
企业理念	核心理念：发展是企业的第一要务 人文理念：企业靠人，人企合一 发展理念：高起点，高水平，高效益，可持续发展 质量理念：质量是品牌，质量是生命，质量是效益 营销理念：诚信为本，客户至上，真诚伙伴，互利共赢 人才理念：发展的企业为人才的发展提供广阔的平台；发展的人才为企业的发展创造无限的空间；只有人的全面发展，才会有企业的更快发展 从业理念：忠诚企业，敬业爱岗，快乐工作，提升生活品质

视觉识别　　　中国国旅集团有限公司的企业标志，是企业形象的核心，引领国旅人走向光明的未来。标识图形为地球形状，上下左右呈经纬线分布，象征着国旅事业遍布全球；球形上部是"中国国旅"四个中文文字呈弧形分布；球形零度纬线上部分布着"CITS"四个英文字母，是中国国际旅行社英文名称的缩写；在球形零度纬线处，自上至下分布着三条弧形箭头，象征着中国国旅事业腾飞。

　　企业的品牌标识组合，主要应用于宣传媒介、标识系统等一切可能出现的地方。企业主要通过这个组合向大众传达企业的形象和文化。

　　中国国旅自创立以来，伴随着共和国的发展脚步，风雨兼程，一路走来，60 多年的辉煌成就成为今天国旅人承前启后、继往开来的一笔精神财富和品牌资源，也构筑了国旅下一个 60 年发展所需的高平台，这是中国国旅比其他后来者所具有的无可比拟的优势。国旅人有责任将 CITS 这一具有 60 多年辉煌历史的民族品牌做强做大，继续深化改革，锐意进取，做到基业长青，打造百年辉煌，这是中国旅游业发展的需要。

　　为此，中国国旅要将自身长期以来在国际市场上积聚的品牌价值传递给国内外的公众，塑造中国国旅全新的品牌形象。

　　中国加入 WTO 以后，旅游企业面临更大范围和更为严峻的竞争形势。国旅总社将秉承"诚信为本，服务至上，拼搏奉献，永争第一"的国旅精神，锐意创新，开拓进取，在中国国旅集团公司战略发展目标"中国旅游产业领域中拥有旗舰地位的企业"的指引下，逐步实现中央企业群体中最具市场竞争力的旅行社集团、中国最强的跨国旅游运营商、全球最为著名的旅游业品牌之一的宏伟愿景。

体验活动

活动4：语气替换

【目的】

通过此游戏可以锻炼参与者的语言表达能力。

【要求】

请参与者每个人在一张纸上写三句话。每句话都是大家在工作中可能说到的话。第一句话可以是漫不经心、随便的话，例如"请关好车窗"或者"我们的目的地马上就要到了"。第二句话是比较重要的话，例如"请您仔细阅读合同上的注意事项，没有异议的话请在右下角签上您的名字"。第三句话最重要，例如"请大家一定要遵守时间，千万不要迟到，否则我们就赶不上飞机了"。

【方法】

现在请每个参与者用以下三种方式向团队（或者搭档或联合小组）读出自己写的话：

1. 低声。

2. 一般声音。

3. 高声。

每句话都用这三种力度读出，这样每个人共读9次。

【讨论】

1. 以"错误"的力度读句子有什么效果？对说话者有什么影响？对听众有什么影响？

2. 你一般以哪种力度说话？

3. 用不同的力度说话你感觉一样吗？

4. 夸大的语气和轻描淡写的语气有什么不同的效果？

总　　结

本单元通过参观典型企业，领悟到了旅游服务类企业的文化内涵和基本特点。文中概述了旅游服务类企业文化的四个基本特点：经营活动以服务为中心，服务理念、服务规范、服务方式是企业核心文化内涵的服务特点；服务的对象是人，人具有复杂的社会文化背景，旅游本身是人们追求高层次的享受，使旅游服务类企业文化具有丰富的文化特点；旅游服务类企业提供的是员工与顾客面对面的服务，员工是企业产品的生产者和销售者，是企业的宝贵资源和财富，这就使这类企业文化具有明显的人文特点；鲜明的个性能使企业独树一帜，在市场竞争中立于不败之地，所以，旅游服务类企业文化具有个性特点。旅游服务类企业文化的精髓是"宾至如归"。服务人员要掌握五项关键礼仪：微笑；问候顾客；正确使用肢体语言；进行眼神交流；向顾客致谢。同学们理解并掌握了这些技能，一定会成为旅游服务类企业的优秀员工。

　　品牌的创造是全体员工奋力拼搏的结果，甚至可能是几代人的传承。每一位企业员工应有必要的历史责任感，以自身行动为企业创造历史。全聚德的人才理念"百年基业，以人为本；德才兼备，以德为先"；中国国旅的人文理念"企业靠人，人企合一"正是这一思想的具体体现。"发展的企业为人才的发展提供广阔的平台；发展的人才为企业的发展创造无限的空间；只有人的全面发展，才会有企业的更快发展。"在旅游行业中，人的作用非常关键，是旅游企业服务社会、创造价值的根本因素，只有忠诚于企业、敬业爱岗，才能为企业创造价值，进而逐渐实现自己的人生价值。

典型企业文化：连锁超市与物流企业

单元导读

商品流通业是从事商品或服务的流动与交易的行业。服务是商品流通业企业文化的重中之重。连锁超市和物流企业作为商品流通领域里两类具有代表性的企业，无处不体现出"顾客至上"的服务文化特点。本单元将以连锁超市华润万家和现代物流企业顺丰速递为例，来讨论商品流通领域企业的企业文化。

本单元的目的是引导中职生自觉融入具有企业文化特色的校园文化中，强化职业人意识，将学校作为职场的预备地，吸收连锁超市和物流企业文化理念，增强学生对企业的归属感和主人翁的责任感，以提高自身的综合素质，养成良好的职业习惯，提升服务水平。

本章重点介绍三个主题：商品流通业企业文化的含义和类型，连锁（零售）超市企业文化，现代物流企业文化。

学习目标

通过本单元的学习，你能够：

- 列举商品流通业的企业文化特点和类型。
- 通过对典型的华润万家企业文化的了解，掌握连锁（零售）超市企业文化的特点。
- 通过对典型的顺丰速递的企业文化的了解，掌握现代物流企业文化的特点。
- 独立或合作完成 5 个活动，在活动中增强服务意识。

主题 5.1　商品流通业的企业文化

把顾客的事当作自己的事来办，设身处地多为顾客的需求和利益着想，没有不成功的事业。

做中学

拉拉求职记

拉拉从某中职学校毕业后不久的一天，到一家公司应聘行政助理一职，公司经理看了她的材料，面无表情地拒绝了她。拉拉坦然地收回了自己的材料，站起身来准备走。突然，她觉得自己的手被什么东西扎了一下，看了看手掌，上面沁出一颗血珠。低头一看，原来是凳子上的一个钉子尖露了出来。她见桌子上有一块镇纸石，便拿起来用劲地把钉子尖压进去。然后，微微地一笑，说声告辞转身离去。几分钟后，公司经理派人追上了她，拉拉被公司录取了。

请同学们想想，这家公司为何录用只有中专学历的拉拉？你觉得企业的用人决定和企业文化有关系吗？为什么？

5.1.1 商品流通业的企业文化含义

商品流通业的企业文化是在长期实践中形成的，其企业经营管理者及其员工所共同拥有的经营管理理念、价值观、行为准则和基本信念的总称。

企业文化是商品流通业的企业经营活动的思想基础，它无法量化，但是商品流通企业内部有很多看得见的东西能反映其企业文化特性。它可以通过成文的企业基本准则表现出来，也可以通过企业在市场上的具体经营活动让外界感知到。例如：成文的企业哲学和基本原则，企业工作氛围、集体观念及员工对企业的认同度，员工的工作热情和工作积极性，企业信息交流的广度和形式；与顾客交流的方式……每个方面都能体现商品流通企业的文化特色。

5.1.2 商品流通业的企业文化特点

成功的企业有优秀的企业文化，失败的企业有不良的企业文化。商品流通企业与其他企业相比，有其独特的企业文化体系。它秉承着"顾客至上"的企业服务理念，并建立了与之相应的经营哲学、审美意识、公共关系等，对内凝聚员工、实施有效管理，对外吸引消费者、赢得社会支持，从而获得更大的生存和发展空间。

从总体上讲，其特点主要（集中）体现在两个方面，即顾客至上和员工为本。

顾客至上 企业文化是以人为载体，商品流通企业的企业文化尤其强调"顾客至上"的理念。它通过企业员工的语言、动作、表情、礼节等行为表现出来，在整个经营活动中，以优质的营销行为为中心，直接形成了企业的服务产品，成为企业文化的中心。

顾客到商店，既需要商品，又需要服务，而且优质服务会促进顾客购买商品。生产企业主要以产品质量显示它的竞争实力，流通企业主要是通过服务来吸引顾客。流通企业"服务第一""用户至上""用户就是上帝"等经营理念都要通过员工具体的营销行为才能实现。热情的态度、规范的操作、文明的商业用语、相互尊重的礼节等都是顾客所需要的，这些会给顾客留下深刻的印象，是形成流通企业竞争力的重要方面。优质服务对于商品流通企业的形象塑造至关重要，是企业信誉的关键因素及可靠保障。

员工为本　　企业文化的主体是员工，以员工为本必然成为商品流通企业文化的核心内容。商品流通企业流行一句话："关心员工就等于关心我们的顾客"。这是一句名言，更是一条久经考验的经验。一个企业要想获得发展，就首先必须关心自己的员工，因为员工是推动企业发展的中流砥柱。

要想通过各种肯定和鼓励的方法激发员工内心深处的干劲和潜能，如何努力为员工提供展现自己才华的舞台，来推动他们以忘我的工作热情不断为企业创造佳绩，并为自己创造美好生活，就需要建立一套符合企业特点的激励制度、员工职业发展路径、生活福利保障制度，使员工真正成为企业的主人。

一家具有发展潜力与活力的现代企业，永远都是由一支充满激情与热情的员工队伍去推动的。怎样造就一支充满激情与热情的员工队伍，已经成为商品流通企业发展道路上重要的研究课题。越来越多的商品流通企业开始将以顾客为服务对象的策略套用在以员工为服务对象上，以关注顾客的眼光关注员工，旨在为员工提供更多的让渡价值。这种让渡价值的意义是可以拓展的，比如被关注、感情文化的培养、帮助规划职业生涯等，而不仅仅是薪资的体现。员工在获得实质、实际的利益的同时，也体会着"被关注""被服务""被重视"，而这种情感投入往往会增加企业的凝聚力。

连锁超市和物流企业是商品流通业中的典型代表，我们将通过对这两类企业的分析探索商品流通企业的文化精髓。

体验活动

活动 1：企业探秘

【目的】

通过观察和收集国内外知名超市的基本情况，理解商品流通企业的含义，探寻企业文化的特点。

【要求】

请同学们利用课余时间进行一次本地调查或网上浏览，寻找 3 家国内外知名超市，分析一下它们为什么会取得成功，对我们的启发是什么？将探寻的结果填入表 5-1。

表 5-1　企业探秘结果

企业类型	企业名称	经营理念	成功秘诀
连锁超市			

续表

我的感受	

主题 5.2　连锁（零售）超市企业文化

> 顾客能够解雇一家连锁（零售）超市的每一个人，他们只需要到其他地方去花钱，就可做到这一点。

做中学　请利用课余时间，在周围选一家超市进行实地调查，重点观察该企业的文化有什么特色，将相关内容填入表 5-2 中。

表 5-2　_____ 超市企业文化的特色

项目	要点描述
顾客服务	
标识标语	
商品陈列	
其他	

5.2.1　连锁（零售）超市企业文化的特点

在过去十几年，我国连锁零售业持续快速发展，已成为流通业崛起的一支主力军。随着中国由"温饱"向"小康"社会迈进，消费拉动经济的作用凸显，消费结构正在升级，连锁（零售）企业迎来了成长的新时代。

连锁经营是当今世界发达国家零售业最主要的经营方式，是通过对若干零售企业实行集中采购、分散销售、规范化经营，从而实现规模经济效益的一种现代流通方式。统一采购、统一配送、统一标识、统一经营方针、统一服务规范和统一销售价格等是连锁经营的基本规范和内在要求。

连锁零售企业主要是以直接供应消费者用作生活消费或供应给社会集团作为非生产性消费为基本任务的商业企业。零售企业直接向消费者提供商品服务，一般设有商品营业场所、柜台直接面向最终消费者，包括直接从事综合商品销售的百货商场、超级市场、零售商店等。

纵观国内外零售业，我们可以发现凡是追求卓越的零售企业就有追求卓越的企业文化，凡是获得成功的零售企业则必然依托于成功的企业文化。先进的零售企业之所以先进，是因为积淀了具有竞争力和生命力的企业文化底蕴。

5.2.2 华润万家企业文化的特点

让我们以华润万家为例，一起探索连锁（零售）企业文化的奥秘。

> **阅读材料**
>
> 华润万家是中央直属的国有控股企业集团、世界 500 强企业——华润集团旗下优秀零售连锁企业集团。旗下拥有华润万家、苏果、万家 MART、Olé、blt、万家 LIFE、乐购 express、VanGO 等多个著名品牌。
>
> 华润万家创立于 1984 年，创立以来，华润万家不断深耕零售市场，始终在可持续发展、企业社会责任以及提供就业机会等领域担任表率作用，与利益相关方共赢共享，实现了公司商业价值与社会价值的深度融合。2019 年华润万家全国自营门店实现销售 951 亿元，自营门店总数达到 3 234 家。截至 2019 年底，华润万家已进入全国 30 个省、自治区、直辖市和特别行政区，116 个地级以上城市，员工人数 18.2 万。在中国连锁经营协会发布的《2019 年中国超市百强榜单》中，华润万家销售额排名第一。

作为国有控股企业，华润万家在重视价值创造的同时，加强社会责任管理，将责任理念和要求融入公司战略规划、生产经营和业务发展等各项工作中，不断探索企业、环境和社会和谐共生的方式，携手各利益相关方共同为建设美好社会而努力。

华润万家的企业文化分为组织层面和个人层面，如图 5-1 所示。

华润万家肩负着"引领消费升级，共创美好生活"的使命，将通过持续的优化与发展，致力于成为提升大众生活品质的卓越零售企业。

1. 华润万家的文化理念——家文化

华润万家从事的是与百姓生活紧密联系的零售行业，为广大消费者提供家庭日常生活所需的各种丰富商品。华润万家带给顾客的是家的温馨、富足、现代、健康的感觉。

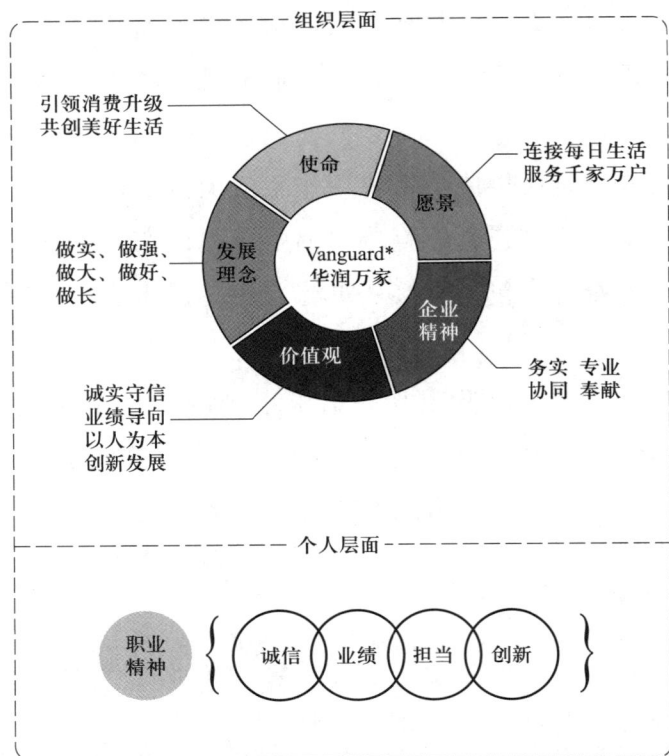

图 5-1　华润万家的企业文化内容

华润万家是由不同文化背景、不同年龄层次、不同地域的员工组成的一个大家庭，需要一个大家庭的平等、民主、团结、责任、互助、信任、包容。华润万家让每个员工都感到家的轻松与安全，事业上和生活上都得到进步。

华润万家情系千家万户，与大家真诚携手，共建美好生活。"年轻、活力"——富有激情，华润万家拥有一支超过 15 万人的团队，他们年轻、活力、富有激情；他们来自五湖四海，怀着各自的抱负和梦想，为一个共同的目标凝聚在一起。开展丰富多彩的员工活动，为员工营造家的温暖。进行系统完整的专业培训，为员工奠定发展的基础。成立华润万家爱心互助基金，为员工提供援助。每一年的最后一个自然周，以"家人"为主旋律的"华润万家员工周"，是一个属于所有华润万家人的节日。

2. 华润万家的服务理念

"爱顾客就是爱自己；顾客永远是首要的，一切经营活动都要从顾客的需求出发；想顾客之所想，急顾客之所急，真心为顾客考虑，才能赢得顾客的信任。"

华润万家线上业务是门店服务的延伸，为门店周边商圈消费者提供线上下单，即时送货到家的服务。通过以"万家 App"为核心的自有线上渠道（还包括微信小程序、公众号）和主流的第三方到家服务平台（京东到家、美团外卖、饿了么等），为消费者在万家购物提供更多的渠道和触点的选择。作为门店服务的延伸，华润万家线上售卖商品来源于门店，品类丰富，品质有保障，更有丰富的促销活动和一小时到家的配送服务，旨在为顾客提供良好的线上购物体验。截至 2020 年 2 月底，华润万家已上线逾 2 000 家门店，在全国超过 100 个城市提供一小时到家的商超配送服务。

3. 华润万家的企业价值观

（1）诚实守信。在一个诚信社会中，守信者畅通无阻，失信者则寸步难行。"诚信"是企业的生命，华润万家作为央企控股企业，也是社会主义核心价值观"诚信"原则的积极践行者，将一贯秉承"诚信"宗旨，以真诚之心，行信义之事。华润万家 VanGo 便利店就是华润万家对 O2O 环境下"互联网+"模式运营的勇敢尝试，积极弘扬和建设信用社会，结合互联网与实体零售的各自优势，通过使用新的扫码支付手段以及无人值守的形式，提升营运效率，让更多顾客感受到信用带来的权益，同时也可使顾客享受到全新的便利体验。

（2）业绩导向。华润追求业绩第一，要求业绩不仅包括经营指标，还包括团队建设成绩和培养人的能力，要能够创造新的生意模式或管理办法，要承担更多的社会责任。依靠卓越的财务成就、优秀的专业团队、领先的管理模式、敬业的员工队伍，推动业绩不断增长，确保正确的发展方向。

（3）以人为本。华润的行业选择、产品和服务，企业社会责任的履行，无不建立在"一切以人为本、人口驱动增长、尊重人文精神、改善人们生活"的理念之中。华润努力打造和谐企业，包容不同理念、发挥团队精神、倡导行动学习，推动组织发展，对内营造良好的环境。

（4）创新发展。坚持理念创新、制度创新、管理创新、技术创新，由此推动华润持续进步，基业长青。作为一家有着红色基因的消费品零售企业，多年来，华润万家始终以奋斗者的姿态砥砺前行，致力于以全方位、深层次的改革创新，引领中国零售行业的高质量发展。

4. 华润万家的社会责任

践行社会责任是企业实现高质量发展的重要一环。多年来，零售业界对社会责任的理解和实践都发生了深刻变化，也有越来越多积极承担社会责任的企业，赢得了更多机会、拓展了发展空间，在履行社会责任与自身业务成长上实现了双赢。万家坚信践行社会责任的能力和意愿，是企业实力强劲的集中体现，也是企业追求卓越的精神内核。

秉持"引领消费升级，共创美好生活"的使命和"连接每日生活，服务千家万户"的愿景，华润万家不断增强自身履责尽责能力，完善公司社会责任管理架构，丰富公益内涵，延长服务手臂，维护股东、合作伙伴、员工、消费者等各参与方的利益。

（1）转型升级，创变万家。在业务发展中，华润万家坚持变革，将创新作为推动转型升级的重要引擎，探索适合自身的发展之路。

（2）关爱员工，以人为本。在员工成长方面，华润万家奉行"以人为本"的理念，鼓励员工多元发展，努力为员工构建价值实现的平台。

（3）服务顾客，共享美好。在顾客服务方面，华润万家坚持以高品质的商品与服务，满足广大顾客对美好生活的追求，不断推动顾客生活方式的全面升级。

（4）绿色发展，健康生活。在环境保护方面，华润万家秉承"创新、协调、绿色、开放、共享"的发展理念，在致力于创造经营业绩的同时，持续降低对环境的影响，以低碳高效的运营模式打造绿色竞争力。

（5）携手并进，合作共赢。在伙伴合作方面，华润万家以打造"满足消费者需求的共同体"为目标，聚焦与合作伙伴的共同发展，并积极引导合作伙伴履行社会责任。

（6）关注公益，播种希望。在社会公益方面，华润万家持续开发公益项目，关注落后地区的商业发展和教育、就业等问题，致力于改善社区经济民生。

华润万家的公众开放日

阅读材料

作为社区友善、亲和的一员，华润万家始终秉承着"与您携手，改变生活"的企业理念，长期坚持践行各类致力于改善大众生活的工作。为增进华润万家与外界的沟通与交流，华润万家将每年九月的第二个星期六定为公众开放日，于 2018 年正式启动。2019 年 9 月 7 日，"2019 华润万家公众开放日"在全国拉开帷幕，遍布全国 240 个城市的华润万家门店以多种形式举办该项大型主题活动。华润万家希望借由公众开放日，展现万家台前幕后的故事，分享万家在商品品质、质量安全、设施和服务、职业发展等方面的举措与成效，让更多的人感受万家理念，与更多的人携手，共创美好未来。

体验活动

活动 2：让我们一起来微笑吧

【目的】

展出富有内涵的、善意的、真诚的、自信的微笑。

【要求】

每个人准备一面小镜子，做脸部运动，4 人为一个小组。第一步，按下列方法展开训练，限时 5~10 分钟。第二步，教师假设一些场合、情境，让同学们调整自己的角色，绽放笑脸。第三步，小组互评，并将分数填入表 5-3。

【方法】

1. 他人诱导法——同桌、同学之间互相通过一些有趣的笑料、动作使对方发笑。

2. 情绪回忆法——通过回忆自己曾经的往事，幻想自己将要经历的美事引发笑。

3. 口形对照法——通过一些相似性的发音口形，找到适合自己的最美的微笑状态。

4. 习惯性伴笑——强迫自己忘却烦恼、忧虑，假装微笑。时间久了，次数多了，就会露出自然的微笑。

5. 牙齿暴露法——笑不露齿是微笑，露上排牙齿是轻笑，露上下八颗牙齿是中笑，牙齿张开看到舌头是大笑。

表 5-3　让我们一起来微笑吧

评价项目	分值	小组自评	小组互评	小组评价说明
自　然	25			
真　诚	25			每小组对本小组及其他小组的情境表演作评价
美　观	25			
露　齿	25			
合　计	100			

教学建议：教师可以采用赞扬方式或在黑板上公布评价结果，对小组作出评价，可采用如××分以上为"超级小组"；××分以上为"出色小组"；××分以上为"合格小组"等。

活动 3：情境分析

【目的】

培养学生的耐心、服务意识及处理突发事件的能力。

【要求】

请与小组成员一同分析，分角色演绎下列情境。

情境一：在收银岗位上，遇到顾客刁难的情况。

顾客：快点，怎么这么慢，会不会做事呀？

……

情境二：在卖场发现走失的小朋友。

小朋友：我要妈妈，我要妈妈！

……

情境三：顾客购物后，经过安检门，报警器骤响。

……

主题 5.3　现代物流企业的企业文化

未来快递业的竞争不是在于一个企业的品牌，也不是看你有多少架飞机、多少辆汽车，而是看你能不能提供最好的服务。

做中学　请利用课余时间，对周围的某家快递企业进行实地调查，收集快递企业的服务案例，探寻其企业文化的特点，将相关内容填入表 5-4 中。

表 5-4　_____快递企业的文化特色

项目	要点描述
企业口号	
企业理念	
服务标语	
典型案例	

5.3.1　现代物流企业文化的特点

在传统的生产领域中，企业通过降低物质消耗和劳动消耗所获得的利润，被称为第一、第二利润源。但随着市场竞争的加剧，技术水平和管理水平的提高，企业在可控的生产领域内降低成本的空间已越来越小，第一利润源、第二利润源的挖掘已趋于枯竭。在这种形势下，现代物流业开始蓬勃发展，从生产领域外的采购、运输、仓储、包装、代理、配送等环节上着手，寻求和开掘现代物流业利润，即"第三利润源"，就成了提高利润率的重要途径和必然要求。

现代物流企业主要是将信息、运输、仓储、库存、装卸搬运以及包装等物流活动综合起来的一种新型的集成式管理的商业企业。现代物流业作为重要的服务产业，其任务是尽可能降低物流的总成本，为顾客提供最好的服务。

2009 年 2 月 25 日，现代物流业列入了中国十大振兴产业规划。

2019 年 1—10 月，中国社会物流总额为 244.4 万亿元，占 GDP 的 14.6%。2018 年年底，物流业相关从业人员约已经超过 5 000 万人，物流业增加值每增加一个百分点，将增加 10 万个工作岗位。同时，我国 2018 年社会物流总费用为 13.3 万亿元，在政策引导与市场优化的双重因素驱动下，我国的社会物流总费用占 GDP 的比重将逐渐下降。每降低一个百分点，将带动 3 000 亿元的效益。

物流的本质是服务。企业的竞争力取决于在市场上企业能够以较低的物流成本，提供最优的物流服务水平。作为现代物流企业，"以人为本"的文化理念目前已被广泛接受、承认和实践。以人为中心来谋划和设计企业内部的制度安排和运作规则，能够充分体现关心人、尊重人、理解人的管理理念，增强员工的主人翁意识，充分调动他们的积极性，为企业的发展做出自己的贡献。

现代物流企业的服务对象涉及社会的方方面面，涉及千家万户的利益，为客户提供的是集成性的物流服务。现代物流企业应始终树立"客户至上、服务第一"的宗旨和意识，站在客户的立场上，急客户所急，想客户所想，千方百计为客户排忧解难，提供高水平、高质量、高标准的服务。

过去 20 多年中，服务业在我国发展很快，物流业的基础设施建设也迅猛增长，交通设施及工具、仓储设施、商业网点、配送体系和信息技术、配套服务设施等方面均已取得了长足进步。东部地区及东南沿海的物流硬件在许多方面已接近或达到世界先进水平。这也为中职学生提供了更为宽广的就业途径。

5.3.2　顺丰速递企业文化的理念

顺丰力求塑造"知行合一"的价值观，让价值观的内涵通过员工的所想、所行体现出来，形成一股精神的力量，深深熔铸在企业的凝聚力、竞争力、生命力之中。

让正确的处事态度渗透到公司每一位员工的心中，凝聚前进的合力，通过员工的一言一行将企业价值观传递给客户，让客户感知顺丰内外一致的品牌形象，让顺丰在服务中改善、完美自己。

阅读材料

顺丰的核心价值观

- 成就客户

客户为先，创造极致的服务体验；

随需而变，成就卓越的客户价值。

- 创新包容

以创新之心，探求未知之路；

以包容之道，佑护创新前行。

- 平等尊重

平等相待，视对方为另一个自己；

彼此尊重，用倾听和理解接纳他人。

- 开放共赢

拥抱变化，在开放中寻发展；

求同存异，在合作中赢未来。

---

1. 积极　迅速扩展和进步的业务

成立初期提供顺德与香港之间的即日速递业务。随着公司的业务不断发展并迈向国际，顺丰速运现成为中国速递行业民族品牌的佼佼者之一。其积极、有序地发展陆上及航空速递网络，并专注于人才队伍的建设，是企业中长期发展规划的首要任务。

2. 创新　持续创新和完善的服务

积极探索客户需求，为客户提供快速安全的流通渠道；不断推出新的服务项目，帮助客户更快更好地根据市场的变化而做出反应；缩短客户的贸易周期，降低经营成本，提高客户的市场竞争力。除了在公司内部培养一批中流砥柱以外，更不断从其他行业吸收精英以满足业务高速发展以及服务不断完善的需要。

3. 务实　保持稳健中提升的作风

致力于加强公司的基础建设，统一全国各个网点的经营理念，大力推行工作流程的标准化，提高设备和系统的科技含量，提升员工的业务技能和素质，努力为客户提供更优质的服务，不遗余力地塑造顺丰速运这一民族速递品牌。

4. 活力　营造迅捷和亲切的体验

以客户需求为核心，建设快速反应的服务团队，谨守服务承诺。提供灵活组合的服务计划，更为客户设计多种免费增值服务及创新体验，全天候不间断提供亲切和即时的领先服务。

5. 核心竞争力　顺丰速度

速度是快递市场竞争的决定性因素。想要获得更多的市场份额，快递企业必须把速度放在第一位。顺丰在 2010 年创建了属于自己的航空公司，有着自己的专运货机，这无论从配货的机动性上还是从输送快件的时效性上来看，都是富有相当的主动的，显而易见，是速度造就了顺丰的成功。

顺丰速运集团有关负责人透露，"飞机上天"一直是国内民营快递企业的梦想，顺丰目前共拥有 15 架专用货机，顺丰是国内首家也是唯一一家启用全货机运输快件的民营速递企业。相关资料显示，早在 2003 年，顺丰速运集团成为国内首家包机夜航的民营速递企业，而在 2009 年 12 月，顺丰集团旗下的顺丰航空有限公司也正式开航。在全国范围内，顺丰速运目前已覆盖除青海、西藏的其他各省、自治区、直辖市。顺丰将以每年平均新增 2~3 架自有货机的速度逐步扩充，同时，顺丰也仍将继续使用外部包机和散航班作为补充，结合航空枢纽基地建立，顺丰抢滩国内外货运快递市场。

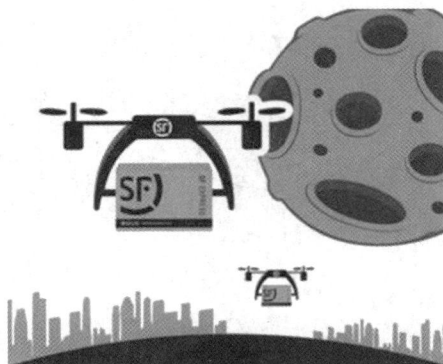

体验活动

活动 4：你就是一只"金鹰"

【目的】

学生通过服务社区、学校、班级，获得激励与感谢（服务形式、内容不限）。接受服务者可以将金鹰卡授予向自己提供优质服务的学生，让学生体验服务的乐趣与成功的喜悦。

【要求】

1. 制作"金鹰卡"。大小是名片的两倍。其中一面印着"谢谢"两个字，字的下面是空白，签发卡人可以在空白处书写；另一面印着"感谢您的优质服务"。将卡分发给社区、学校各部门、各班级，告知可授予向自己提供优质服务的学生。

2. 学生每 4~6 人分成一组，以团队为单位，结合本校、本班实际开展志愿者服务，将企业文化元素融入活动中。

3. 按照服务质量、金鹰卡数量的多少评出"金鹰奖""银鹰奖""铜鹰奖"等。

活动 5：环环相套

【目的】

通过本次活动，使学生明白企业中团队协作的重要性，锻炼学生的团队运作、沟通、协调技巧和目标设定能力。

【要求】

1. 器材场地：室内外皆可，12~16 人一组，每组 1 个呼啦圈。

2. 所有学生手牵手围成一个圆圈，并在学生手中套入一个呼啦圈，将呼啦圈穿过每个人的身体回到原点即完成任务。采取计时制。

3. 过程中不可松手，不可用手指去勾呼啦圈。

4. 可限定执行次数（例如：3 次或 5 次），每次执行后均询问小组要挑战的目标（完成时间）。

【分享重点】

1. 团队目标（共识）是如何形成的？

2. 执行过程中采取什么方法？有哪些改变？每次进步的关键是什么？

3. 曾给予或获得过伙伴的哪些帮助？透过什么方式了解彼此的需求？实际的团队生活中有哪些类似经验？

总　　结

商品流通业是从事商品或服务的流动与交易的行业。服务是商品流通业企业文化的重中之重。与制造业企业相比，商品流通业的企业文化集中体现在"顾客至上"的服务文化特点上。

作为商品流通业的知名企业的代表，连锁超市华润万家和物流企业顺丰速递的成功都来源于企业文化的卓越性。华润万家的诚实守信、业绩导向、以人为本和创新发展；顺丰速递的服务以人为本，积极、创新、务实、活力的服务理念，都在告诉我们：随着全球科学技术的一体化，各企业之间，产品质量的差距已是微乎其微，同行业的竞争正由质量竞争转向服务竞争。

作为未来职场人，在充满职场气息、企业元素的校园文化中，应该从企业的要求出发，不断提高个人综合素质和服务水平，在校做合格学生，在企业做合格员工，不断追求卓越，直至成为职场精英。

第 **6** 单元　典型企业文化：家电制造企业与机械制造企业

📖 单元导读

制造业是国民经济的重要基础。与服务行业不同，产品制造企业的产品质量关系到企业的生存与发展，"质量就是生命"，因而围绕产品质量建立企业的长远发展目标，就构成了制造企业最突出的以"质量文化"为特点的企业文化体系。

本单元将以家电制造业中的海尔集团和机械制造业中的三一重工股份有限公司为例来讨论制造行业的企业文化特点。

对于未来可能进入制造业的中职学生来说，在学习生活中应按照企业对员工的标准要求自己，建立质量意识，体验质量对企业发展的重要意义和个人职业生涯发展的重要性，从而养成良好的职业道德和职业行为规范。

本单元重点介绍三个主题：产品制造企业的企业文化特征，家电制造企业（海尔）的企业文化特征，机械制造企业（三一重工）的企业文化特征。

学习目标

通过本单元的学习，你能够：

- 认识提供"产品制造"的企业文化特点。
- 列举质量文化特点与服务文化特点的异同。
- 分析和品味海尔的典型企业文化。
- 分析和品味三一重工的典型企业文化。
- 独立或合作完成三个活动。

主题 6.1　产品制造企业的企业文化特点

质量是一种道德规范，把追求卓越视为光荣。

做中学　收集你身边汽车、家电、建筑、食品等行业有关质量问题的典型案例，将相关内容填入表 6-1 中，说明对企业的影响，并分析其原因。

表 6-1　企业质量问题典型案例分析

行业	企业名称	企业有关质量的典型口号和理念	产品质量对企业的影响	质量问题原因分析
汽车				
家电				
建筑				
食品				

6.1.1　产品制造企业的企业文化含义及特点

1. 国民经济的基础——制造业

请设想一下没有制造业的生活：没有自行车骑、没有电视机看、没有鞋穿、没有家具用，缺少人工心脏一类的救护设备更无法想象。

议一议：环顾一下你的周围，你所看到的一些物品，几乎每一样东西都是制造出来的。那么，什么是制造业？

制造业的含义　制造业是通过生产把原材料转换成具有价值的产品的行业，生产出来的产品可大可小，可以简单也可以复杂。机械制造、家电制造、食品加工、纺织业、医药制造等都属于制造业的范畴。本单元将以家电制造与机械制造为例来讨论制造行业的企业文化。

我国制造业现状　制造业是工业的主体和国民经济的重要基础。由于中国巨大的市场和丰富的劳动力资源，世界的制造业正在向中国转移，中国正在从世界制造大国向制造强国发展。在经济全球化趋势的推动下，我国制造业面临着全球激烈的竞争，传统的成本优势、价格优势大大削弱，提高质量、树立品牌成为企业间新的竞争手段。企业文化战略应该成为中国制造业培育核心竞争力、实现战略升级与可持续发展的坚强后盾。

2. 产品制造企业的企业文化特点与内容

产品制造企业的企业文化是制造企业在长期的生产经营过程中形成的并为全体成员共同遵守和奉行的价值观念和行为准则。特定的企业文化以企业性质为基础，又有着深刻的行业烙印。与服务行业不同，产品制造企业的企业文化有其自身的特点，如图 6-1 所示。

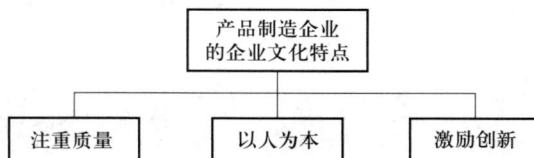

产品制造企业的企业文化特点 → 注重质量 / 以人为本 / 激励创新

图 6-1　产品制造企业的企业文化特点

注重质量　在当今激烈的市场竞争中，质量关系到产品制造企业的生存与发展，只有那些产品质量优异的企业才能在竞争大潮中站稳脚跟。没有质量作为支撑的品牌，就犹如建在沙滩上的大厦，随时都有倒塌的可能。谁的质量高，谁就能在竞争中占据优势。因此，就企业而言，必须首先苦练内功，增强质量意识，规范质量行为，从质量着手建立以长远发展为目标的企业文化体系。

阅读材料　武汉东风冲压件有限公司是 20 世纪 90 年代新建的冲压件专业生产企业。该公司一直以来都以产品质量作为企业的生存和发展的重大问题来抓，更是通过不断的努力通过了 ISO 9002/QS 9000，TS 16949、EAQ F94 等一系列国际机构制订的质量体系的认证，由于神龙公司对汽车生产各个环节的质量都加大了管理监控的力度，对供应商的供货产品质量控制也比以往更加严格，为了进一步提高自身管理水平，东风冲压件公司特委托武汉瑞得软件产业有限公司，就目前该公司的质量工作现状做一次调研，一起研究改进提高公司质量管理工作效率的方法，设计一套应用质量管理工作的信息系统。

该质量管理系统的建设以实用、高效、先进、可靠和开放为目标，在同行业内达到国内领先水平，使武汉东风冲压件有限公司的质量管理工作走在整个行业的前列。

以人为本　产品质量是每个工作环节上的每位员工的卓越工作所共同创造出来的，是企业员工心血和汗水的结晶，是企业赖以生存的基础。"以人为本"的企业文化的重要特点是重视人的价值，正确认识员工在企业中的地位和作用，激发员工的整体意识，从根本上调动员工的积极性和创造性。制造业员工自我发挥、自我发展、自我实现的需要，只有在"以人为本"的企业文化环境中才能获得满足。

激励创新　科技创新成为制造业国际竞争的决定性因素，自主创新能力成为竞争制胜的核心，这也是日本、韩国等国家能够成为产业强国的秘密所在。

> **试一试**：我们的班级管理中可不可以设计一些激励同学们创新的制度呢？

我国已成为全球最大的家电制造基地，必须鼓励创新、倡导变革、敢于进取、甘冒风险、勇于挑战，从而获得驾驭全球市场的创新能力。制造企业除了通过创新活动把知识资源转化为新产品、新工艺、新的组织管理技术之外，还要设法将创新成果迅速生产并推向市场，这就必须借助企业文化，以促使企业内部达成求新求变的共识。企业在创新途中还会遇到种种挫折，要想做到百折不挠，必须建立起鼓励不断学习与容忍失败的企业文化。

综上所述，产品制造企业的企业文化应包括三个方面的内容：质量文化、人本文化和创新文化。三者相辅相成，互为补充。质量是制造业永恒的主题，是企业的第一生命，质量管理上不去，其他一切都谈不上，因而对于产品制造企业来说，质量文化是企业文化的精髓所在。

6.1.2　产品制造企业的文化精髓——质量文化

1. 什么是质量文化

质量文化的含义　质量文化是企业在长期的生产经营中自然形成的一系列有关质量问题的意识、规范的价值取向、行为准则、思维方式以及风俗习惯。其核心内容即质量理念、质量价值观、质量道德观、质量行为准则。质量文化是质量管理的内核，它内聚人心，强化员工的使命感；它外树形象，进而产生强大的凝聚力和向心力。

质量文化的内容　产品制造企业质量文化由四个层面的内容构成：

（1）质量精神文化，是质量文化的核心文化。包括质量文化理念、质量价值观、质量道德观、质量行为准则。

（2）质量制度文化，是约束员工质量行为的规范文化。包括质量领导体制、质量组织机构、质量保证体系、质量奖励与管理制度等。

（3）质量行为文化，包括质量管理活动、宣传教育活动、员工人际关系活动中产生的文化现象。从企业人员的结构看，包括领导干部的领导行为文化、企业员工的群体行为文化、质量队伍的专业行为文化。

（4）质量物质文化，是产品和服务的外在表现，包括质量工作环境，产品加工技术，设备能力，资产的数量、质量与结构，科学与技术水平，人力资源状况等。

质量文化的这四个层面相互影响、相互作用，共同构成质量文化的完整体系。从管理的角度看，可将质量文化分为显性部分和隐性部分。质量文化的物质层面、行为层面和制度层面都属于显性部分，精神层面则是隐性部分，是通过其他三个层面来体现并发挥作用的。

2. 创建质量文化的策略

企业进行质量文化建设，主要应从以下几方面着手：

强化质量意识　质量不是检验出来的，而是通过人制造出来的，通过良好的服务达到的，因此人是质量的主体。大力增强质量意识，建立全员共同的质量评价意识，是建立企业质量文化的中心环节。企业根据员工不同的教育背景和思想观念，通过质量年活动、每天的晨会、质量专题培训、宣传橱窗、现场展览、内部论坛等各种形式，对上至领导下至一线员工进行多层次、大范围和持续的质量意识教育。通过潜移默化的方式沟通全体员工的思想，产生对贯彻质量方针和实现质量目标的责任感和使命感，形成全员崇尚质量的凝聚力、向心力和追求卓越的质量文化氛围。

推行全面质量管理　企业应积极推行全面质量管理，建立、健全质量体系，通过 PDCA 循环，持续不断地按程序、规范、质量要求进行质量活动，如图 6-2 所示。同时，应完善激励和约束机制，用制度规范人们的行为；明确质量标准、要求和岗位质量责任，将质量考核指标落实到个人，并严格考核；把工作质量的好坏作为评价员工实绩的尺度，并和工资分配、晋级、评聘技术职称等挂钩，实施质量否决权。最终让全体员工都能主动遵循质量工作标准。

领导高度重视　世界著名的质量管理学家费根堡姆博士指出："公司领导是质量成功的关键。有力的质量管理的领导对形成质量文化是十分重要的。"企业的各级领导，特别是高层领导，应高度重视质量文化建设，成为创建具有时代特征质量文化的第一倡导者和推动者。没有决策者的认识、决心和力量，就没有真正、持久的质量文化。为此，企业的高层领导者要不断学习和导入先进的经营理念，提出要求和目标，为员工提供培训机会，使全员深刻理解质量文化的内涵，协调并帮助解决工作中的问题和困难；同时，要以身作则，凡是要求别人做到的，首先自己要做到，要起模范带头作用，发挥企业领导的示范效应、权威效应。

质量是制造业永恒的主题，卓越的质量文化是企业和社会发展的关键。要想促进企业可持续发展，就必须站在管理制高点，在实践中不断探索和创新，持续改进，努力塑造良好的企业质量文化，这样才能使企业保持竞争优势，不断发展壮大。

> **试一试**：在我们的自我管理和班级日常管理中运用全面质量管理 PDCA 循环。

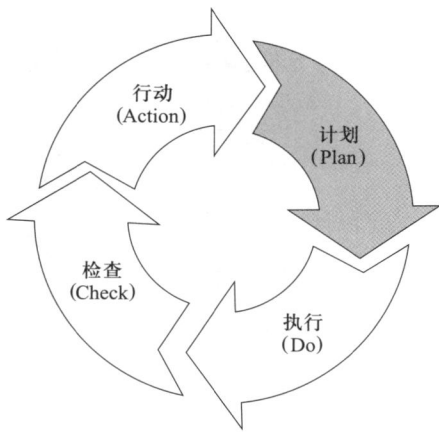

图 6-2　全面质量管理 PDCA 循环

体验活动

活动 1：质量意识培训——跳出质量意识的陷阱

【目的】

明确中职学生具有质量意识的重要意义，在学习和生活中树立质量意识，建立个人的质量标准。

【要求】

质量意识是一种标准，它用"是否符合要求"这把尺子衡量我们做事正确与否，它又是一个目标，让我们为之努力。以下是质量意识两大陷阱，请同学们自检，并在今后的学习生活中有则改之、无则加勉。

【方法】

陷阱一："差不多就可以了。"

你有以下问题吗？请认真填写表 6-2，提出改进措施。

表 6-2　质量意识陷阱自检表

问题	有（√）	无（×）	改进措施
做事不认真			
不负责任			
对自己的要求不严格			
意志力不坚定			
懒惰			
没有更高的目标			
认识不到"达到标准"的重要性			
马虎大意			
竞争意识淡薄			
无力改变现状			
善始不善终			

陷阱二："这不关我的事。"

在很多企业中都会有这种现象，员工发现了企业的错误却不说出来，都抱着"这不关我的事"的想法。如果出了问题，则归咎于设计者的设计不佳、生产技术落后、上级管理不善等，总之和自己没有关系。时间长了，就认为这是理所当然的事，把自己应负的责任忘得一干二净。

请思考：你会这样做吗？按质量意识要求，你应该怎么做？

● 洗手间的水龙头开着，但不去关，因为不是我开的。

● 教室地面上有水，不去擦干净，因为不是我洒的。

● 当你推门的时候，你后面还有一个人，如果你随手关上，很可能会撞到后面的人，但你认为，他想进来就自己推门，关我什么事，我没有义务给他开门，我又不是服务生。

● 这个设计有不合理的地方，可这关我什么事，我是按照规程生产的。

● 那个新来的人总是笨手笨脚的，可这关我什么事，谁都是这么过来的。

● 做这件事我有窍门，可我为什么要告诉别人，当初我不懂的时候也没有人肯告诉我！而且，我又能得到什么好处呢？

主题 6.2　家电制造企业（海尔）的企业文化特点

> 把每一件简单的事做好就是不简单，把每一件平凡的事做好就是不平凡。

做中学　请列举你最欣赏的家电制造业中的国内、国外知名企业各一家，说明其企业文化的主要特点，填入表 6-3 中。

表 6-3　家电制造企业文化资料收集表

区域	企业名称	企业文化特点的简单描述
国内		
国外		

6.2.1　海尔的企业文化

1. 海尔集团简介

海尔集团创立于 1984 年，经过 30 多年的艰苦努力，已发展成为在海内外享有较高美誉度的大型国际化企业集团。产品从 1984 年的单一冰箱发展到拥有白色家电、黑色家电、米色家电在内的 86 大门类 13 000 多个规格的产品群，并出口到世界 160 多个国家和地区，成为中国家电第一品牌。据英国老牌调查机构欧睿国际（Euromonitor）发布的 2019 年全球大型家用电器调查结果：海尔 2019 年品牌零售量全球第一，第 11 次蝉联全球第一；按制造商排名，海尔大型家用电器 2013 年零售量首次跃居全球第一；同时，在冰箱、洗衣机、冰柜、酒柜分产品线市场，海尔全球市场占有率继续保持第一。2023 年 6 月 14 日，凯度 BrandZ 在英国伦敦发布 2023 年最具价值全球品牌 100 强排行榜，海尔等 14 家中国品牌上榜。海尔连续 5 年蝉联全球唯一物联网生态品牌，全球排名第 59 位。海尔已跻身世界级品牌行列，其影响力正随着全球市场的扩张而快速上升。究竟是什么原因，使得一个原本亏损落后的小企业发展为中国家电第一品牌呢？海尔集团董事局主席、CEO 张瑞敏非常明确地回答说："一句话，观念一变天地变，观念不变原地转。"作为中国家电制造企业的典型代表，海尔集团所特有的企业文化值得借鉴和学习。

海 尔 理 念

- 以用户为是，以自己为非——海尔的是非观。
- 创业精神和创新精神——海尔的发展观。
- 人单合一双赢——海尔的利益观。
- 有生于无——海尔的文化观。
- 人人是人才，赛马不相马——海尔的人才观。
- 先谋势，后谋利——海尔的战略观。
- 企业生存的土壤是用户——海尔的服务观。
- 企业如同斜坡上的球——海尔的日清日高管理法。
- 市场无处不在，人人都有市场——海尔的市场链。
- 品牌是帆，用户为师——海尔的品牌营销。
- 走出去、走进去、走上去——国际化的海尔。
- 管理的本质不在于"知"而在于"行"——海尔的管理之道。
- 真诚到永远——海尔的形象。

2. 海尔的品牌文化

海尔集团董事局主席、CEO 张瑞敏认为，当今世界是一个品牌竞争的时代，企业要长寿，必须创出自己的名牌。海尔的品牌文化包括五个意识，如图 6-3 所示。

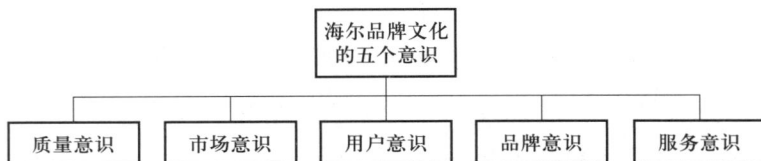

图 6-3 海尔品牌文化的五个意识

质量意识　　质量意识——有缺陷的产品就等于废品。20 世纪 80 年代初期，中国不少企业将产品分为一等品、二等品、三等品和等外品。而且这些产品最终都让它出厂。但是，海尔认为，如果让有缺陷的产品出厂，这个产品就不可能有竞争力，而且也是对用户不负责任。所有海尔人认识到：只要是带有缺陷的产品，就不让它出厂，从而确立了海尔的质量意识。为了加强全体员工的质量意识，公司创办了《海尔人》快报，开办宣传专栏，积极鼓励海尔员工向《海尔人》投稿，利用该报对员工进行宣传。公司对产品进行质量改进，项目达 170 个，并根据 ISO 9001 标准的要求，建立、完善了公司的质量保证体系，使产品质量得到有效的控制。

有缺陷的产品就是废品

阅读材料

1985 年 7 月，张瑞敏组织检查仓库，发现了 76 台不合格的冰箱。张瑞敏做出决定：76 台冰箱全部砸掉。张瑞敏的这一锤砸醒了工人们早已麻木的神经，把一个观念砸进了他们心里：有缺陷的产品就是废品！

市场意识

市场意识——只有淡季的思想，没有淡季的市场。在市场销售中，不少企业有"淡旺季"论，由于存在这种思想，好多企业总是消极等待旺季的到来。但海尔认为，淡旺季是相对的，如果认为目前是淡季，就认为产品销售不畅是正常的，无须动脑筋。如果所有的人都这样思考问题，那么产品自然就积压。海尔针对这一思想，提出"只有淡季思想，没有淡季市场"的口号，越是淡季越应做好工作，越是淡季越能收到效果。只要开发出淡季可以销售的产品，就可以开拓出一个没有淡季的市场。

"小小神童"的诞生

阅读材料

1995 年以前，海尔也认为，6—9 月是洗衣机市场销售的淡季，不必做任何努力，所有销售人员都放假 3 个月。但 1995 年 7 月后，海尔市场部分析认为，夏季洗衣机不好销主要是因为现有的 5 千克的洗衣机容量太大，使用起来费水费电，不如手洗方便。为此，海尔技术人员开发研制了容量为 1.5 千克的"小小神童"洗衣机。产品出来后，先在天气炎热的上海销售，市场空前火爆，消费者排队购买。此后，共研制了"小小神童"六代产品，一直销售得很好，几条生产线都供不应求，产销量很快突破 100 万台，并且大批出口日本、韩国和印度等国。

用户意识

用户意识——用户永远是对的。在海尔的服务理念中，"用户的难题就是我们的课题""为你设计，让你满意""用户永远是对的"已渗透到每一个员工的内心。海尔发现四川农民用洗衣机洗地瓜时洗衣机的水管常常被堵住，于是立即从技术上加以改进，很快推出了可以洗地瓜的"洗地瓜机"；此后，还为公共食堂开发了削土豆皮的"洗衣机"，为青海和西藏地区人民开发出可打酥油茶的"洗衣机"，满足了用户的需求，受到用户的普遍欢迎，市场份额迅速扩大。海尔认为，真正为用户着想，开发生产出满足用户需求的产品，才能真正赢得市场，走到竞争对手的前面。

品牌意识

品牌意识——先卖信誉后卖产品。海尔认为，一个企业如果不把创国际名牌作为出口的目标，而仅仅是卖货，货就会越来越卖不动。因此，海尔制定了"先难后易"的品牌战略，即先出口到发达国家和地区，创出声誉和品牌，然后再以高屋建瓴之势进入发展中国家和地区。"先难后易"就是"在发达国家创牌子，在发展中国家扩牌子"。发达国家关税低，就采取出口整机；发展中国家劳动力低廉，就采取当地建厂的方式。这样，摆脱了价格竞争，进入了品牌竞争。对美国、德国、日本等发达国家的出口，不仅锻炼和提高了企业各方面的素质，而且产生了良好的示范作用，许多发展中国家客户纷纷找上门来，争取海尔产品的经销权。

服务意识

服务意识——星级服务。市场已告别短缺经济的时代，面对供大于求的市场，服务质量的好坏就成为是否拥有顾客的重要因素。海尔不仅把服务看成产品的一个组成部分进行综合研究，而且树立起服务名牌和产品名牌同样重要的观念。目前，海尔已建立了与国际接轨的星级一条龙服务，即售前—售中—售后—回访—开发—制造，以把"用户的烦恼减少到零"作为服务目标。

6.2.2　海尔营造质量文化的五部曲

阅读材料

海尔洗衣机，日本市场炼真金

1995 年，日本想大批量进口洗衣机，许多著名洗衣机生产厂家闻风而动。可精明、挑剔、苛刻的日本人认准的是产品的质量，而不是品牌。于是他们做了一项洗衣机性能试验，对来自各国不同品牌的洗衣机进行性能检测。最后测试结果显示，各项性能指标均列第一的是来自中国的海尔洗衣机。海尔洗衣机技压群芳，终于敲开日本的国门，长驱直入。海尔成为首家向日本出口洗衣机的厂家，也是向日本出口洗衣机最多的企业。

"要在国际市场竞争中取胜，第一是质量，第二是质量，第三还是质量。"海尔集团高度重视质量文化的建设，具体分为五个步骤：

1. 树立质量理念

海尔的第一个质量理念是"有缺陷的产品就是废品"；第二个质量理念是"谁生产不合格的产品，谁就是不合格的员工"；第三个质量理念是"质量改进是个没有终点的连续性活动，停止就意味着开始倒退"。海尔初期在质量管理方面主要采取泰勒的科学管理方式，制定了符合实际情况的规章制度，做到有章可依，并严格执行，强化管理，强制提高。经过几年的努力，海尔冰箱于 1988 年获得了中国冰箱产业的第一块产品质量金牌。

> **议一议**：张瑞敏砸冰箱反映了什么？你怎样理解"有缺陷的产品就是废品"？

2. 用行动传播质量意识

质量观念的确立不是口头上说说、纸上画画就大功告成了。有了质量意识，还要通过实际行动去传播、通过管理工具去加强、通过规章制度去固化、通过质量管理机构去贯彻，使之深入人心，流到员工的血液中去，让员工把遵守质量管理规范变成自觉行动。

| 海尔的
3E 卡 |

海尔创新的质量管理工具主要有 3E 卡和质量责任价值券。

3E 卡是"3E 日清工作记录卡"的简称。"3E"是每天、每人、每个方面三个英文单词的第一个字母。此卡由检查人员每两小时填一次，将每个员工每天工作的 7 个要素（产量、质量、物耗、工艺操作、安全、文明生产、劳动纪律）量化为价值，每天下班时将结果与标准相对照，对完成情况进行落实记录。员工先自我审核，然后报给上一级领导复核。上一级领导按其工作进度、工作质量与标准进行对比，给予A、B、C 不同等级的考评结果，每人的日工资按照各自的考评等级确定。员工的工资每天都写在 3E 卡上，月末凭 3E 卡发放工资。

| 质量责任
价值券 |

海尔员工每人都有一本质量责任价值券手册，手册中详细列举了以前生产过程中出现的各种问题，然后针对每一个问题，明确规定了自检、互检、专检三个环节应负的责任价值及处罚金额。质检员发现产品缺陷后，当场撕价值券，由责任人签收；工人互检发现的缺陷经质检员确认后，当场给发现人以奖励，同时对漏检的工人和质检员进行罚款。质量券分红、黄两种，红券用于奖励，黄券用于处罚。

| 全面质量
审核体系 |

为了实现质量管理这一企业的核心职能，海尔建立了全面质量审核体系，各个事业部都设立了具有国际先进水平的质量审核机构——质量分析室。质量管理保障工作不仅是质管处、质检处等职能部门的工作，而且贯穿于整个业务流程中，由各相关部门通力合作。

3. 通过国际标准认证强化质量意识

海尔在加强质量管理的过程中，除了内部积累外，还主动借助外力来推动内部的质量管理，通过国际通行的标准认证强化质量意识，以此为契机来全面提高自己的质量管理水平。海尔先后获得的国际认证有：1992 年通过国际标准组织的 ISO 9001 认证；德国 VDE、GS、TUV，美国 UL，加拿大 CSA 等认证。

海尔为了取得国际市场上的通行证，创出世界一流的国际品牌，严格执行 ISO 9001 认证标准，把它贯彻到从生产到销售的各个环节中去。在取得了国际上权威的认证以后，也没有自我陶醉、自我满足，而是"挑战满足感"，主动提高自己的质量标杆，不断根据顾客的要求进行质量改进，使产品真正符合市场要求，达到客户满意。

4. 形成独特的质量文化

海尔所特有的质量文化由三个部分组成：

| 大质量
理论 |

在海尔的质量文化体系中，"质量"不仅指实物产品的质量，也指无形产品——服务产品的质量，海尔重视产品的质量，更重视服务的质量，提出了"零距离服务"的理念；不仅包括狭义的质量——达到检验标准，还包括广义的质量——达到用户的满意，海尔人称之为"大质量"。

OEC管理模式 O代表全方位（Overall），E代表每人（Everyone）、每事（Everything）、每天（Everyday），C代表控制（Control）、清理（Clear）。OEC的汉语意思是每天的工作每天完成、清理，并且每天都要有提高。海尔人将其提炼为"日事日毕，日清日高"八个字。海尔提出了斜坡球体论，认为企业在市场上的地位犹如斜坡上的小球，需要有上升力（目标的提升），使其不断向上发展；还需要有止动力（基础管理），防止下滑（见图6-4）。OEC管理法由三个体系构成：目标体系→日清体系→激励机制，首先确立目标，而日清是实现目标的基础工作，日清的结果必须与正负激励挂钩才有效。海尔的OEC管理模式是对全面质量管理的发展和提升，标志着海尔的质量管理已走在世界前列，也标志着海尔质量文化体系的形成。

图6-4 企业如同斜坡上的球——海尔的OEC管理

6S和6σ 海尔还从日本借鉴了6S现场管理法，从摩托罗拉公司借鉴了6σ质量管理法。所谓6S是指：整理（Seiri）：留下必要的，其他都清除掉；整顿（Seiton）：有必要留下的，依规定摆整齐，加以标识；清扫（Seiso）：工作场所看得见、看不见的地方全清扫干净；清洁（Seiketsu）：维持整理、清扫的成果，保持干净亮丽；素养（Shitsuke）：每位员工养成良好习惯，遵守规则；安全（Safety）：一切工作均以安全为前提。由于这六个单词的日语发音都是以S开头，所以简称为6S，如图6-5所示。

图6-5 海尔的6S管理

5. 质量文化的应用性扩散

经过十多年的卓绝努力和苦心经营，如今，海尔文化，尤其是其核心——质量文化已成为海尔珍贵的无形资产。海尔实现了这一无形资产的应用性扩散。海尔兼并企业时首先派去的便是企业文化官员。

阅读材料

企业文化激活"休克鱼"

所谓"休克鱼"，是指硬件条件很好，但管理不善的企业。一旦有一套行之有效的管理制度，把握住市场，此种企业很快就能重新活起来。海尔利用企业文化激活休克鱼的第一个兼并案例是 1995 年兼并青岛红星电器厂。当时该厂有 3 500 多人，年产洗衣机 70 万台，是中国三大洗衣机生产厂家之一，但因管理不善，负债已达 1 亿多元，资不抵债。海尔集团经考察认为，红星电器是一条硬件好、管理和观念差的"休克鱼"，于是决定对其兼并。兼并后将海尔的经营理念、管理模式和企业文化注入其中，在没有投入一分钱的情况下，3 个月就扭亏为盈，第 5 个月盈利 150 万元，两年后成为中国洗衣机的第一品牌。此后，海尔利用企业文化这个有力武器成功地兼并了几十家企业。1998 年，海尔文化激活"休克鱼"的案例进入哈佛课堂，开始了海尔文化的世界性传播历程。

卓越的质量文化就是海尔的生命。对于海尔来讲，质量改进是个没有终点的连续性活动，停止就意味着开始倒退。不论过去、现在还是未来，质量都将是海尔生存之本，而高标准、精细化、零缺陷则是海尔产品质量不倒的基石。

体验活动

活动 2：日事日毕、日清日高

【目的】

将海尔的 OEC 管理模式运用于学习生活中，培养良好的学习和工作习惯，提高学习效率。

【要求】

结合专业学习任务要求，学生每 4~6 人一组，开展日清管理。

【方法】

学生每天坚持填写个人学习日清表（见表 6-4），对当天发生的各种问题在当天弄清原因，及时采取措施进行处理，防止问题积累，对学习中的薄弱环节不断加以改善，坚持每天提高 1%，保证目标得以实现。组长每天对组员日清管理情况给予评价，教师每月评出"日清管理最佳小组"。

表 6-4　个人学习日清表

学习目标	
考核标准	
完成进度	
存在问题	
原因分析	
改进措施	
组长评价	

主题 6.3　机械制造企业（三一重工）的企业文化特点

> 如果每个员工都能尽自己最大的努力去履行职责，就能产生强大的力量，并且这种力量可以形成一个力量环，创造极大的生产力。

做中学　小李从职业学校毕业后在一家公司工作，工作算是专业对口，能用上学校学到的技术。但进公司还不到一个星期，小李就有满肚子怨言："为什么工作同样长的时间，老员工拿的工资却比我高呢？既然大家做的是一样的工作，也工作同样的时间，那么就应该拿同样的工资。"

分析小李的想法并对其提出建议，将内容填入表 6-5 中。

表 6-5　分析问题并进行相关建议

项目	内容
分析小李为什么会有这种想法	
假如你是小李的好朋友，你会对他提出什么建议	

6.3.1　三一重工的企业文化

三一重工股份有限公司始创于 1994 年。创立以来，三一重工秉持"创建一流企业，造就一流人才，做出一流贡献"的企业宗旨，打造了业内知名的"三一"品牌。三一重工的企业文化包括以下内容：

1. 三一使命：品质改变世界

人的品格改变了，做事风格就会改变；风格改变了，产品和服务的品质就会改变；品质改变了，世界就会改变。

2. 三一愿景：创建一流企业，造就一流人才，做出一流贡献

创建一流企业：在全球产业分工重组中，在所涉及的产业里，三一努力使自己有能力和资格整合产业链中附加值最高的环节，或有能力和资格在某一特定增值环节中整合最优秀的社会资源。将三一重工打造成为中国工程机械行业的标志性企业，在市场占有率、品牌影响力、资本号召力和人才拥有量等方面独具优势。

造就一流人才："造就人才"不应简单地理解为企业实现自身使命的一种手段，它同样可以是企业追求的终极目标之一。企业真正的追求在企业之外，只要站在国家、社会与人类文明进步的角度来看待一个企业，就会发现：造就人才其实是一个优秀企业责无旁贷的社会责任。

做出一流贡献：不管需要多少年，不管经历多少代，三一都竭力在以下几方面做出自己的贡献：为社会创造足够多、足够好的产品，广泛而深入地影响与改善人类生活或生产方式；建好一块试验田，为千千万万的中国企业提供经验；培育和传播一套适合中国国情的优秀企业文化，为全面建设社会主义现代化国家新征程贡献力量。

3. 三一企业精神：自强不息，产业报国

"五星红旗迎风飘扬，胜利歌声多么响亮……"这首让三一人为之热血沸腾的歌，伴随着每一天的开始，响彻在三一园区的每一个角落，激荡着每一个三一人心间那份"自强不息"的"产业报国"情。

4. 核心价值观：先做人，后做事，品质改变世界

三一人有着成就伟大事业的强烈决心，忠于职守、信守诺言、疾慢如仇、正直坦率，不断完善自身的品格。

三一重工注重帮助员工克服与生俱来的人性弱点，不断完善他们的品格，提升他们的技能，进而帮助他们实现人生的梦想。

5. 三一作风：疾慢如仇，追求卓越

三一是一项伟大的事业，每一项工作都有着极其深刻的意义，但不要忘了，一旦不讲究速度，一切意义便荡然无存。

6. 三一经营理念：一切源于创新，一切为了客户

来者都是客，每一道工序都是在为下一道工序服务。我们在企业经营活动中的一切行为都可以归纳为：企业对员工的关心；企业对客户的负责；企业对其他利益相关者（如供应商、同行、社会）的相互依存与协作。一切源于创新。不断创新，我们未必会拥有一切；但如果停止创新，我们必定一无所有；如果我们做得还不够好，又不创新，明天就

会被淘汰；如果我们已经做得很好，若不创新，明天就会落后，后天还是要被淘汰。

7. 三一企业伦理：公正信实，心存感激

世界上有才能的人很多，但真正成就大业的人却很少，究其原因，是缺少才能的"放大器"。公平、正直、真诚守信、堂堂正正，是才能的放大器。我们对周围的一切都心存感激，会发自内心地对你道一声"谢谢你，在你有困难的时候想到了我们"。无需问你是客户，还是供应商、同行、员工、地方政府、社会民众。

6.3.2 三一重工培养优秀员工的秘籍

1. 清晰可见的职业通道

在三一重工，无论什么专业、什么层次，都有畅通的职业发展通道，如管理人员、技术人员、营销服务人员从初级到高级都有明确的发展通道。

2. 先进完善的培训机制

给员工最大的福利，就是使他们的能力持续提升。三一重工已建立了营销、研发、服务、技工、管理等方面的一系列培训体系。除公司培训外，三一重工还选送数批公司优秀人员到全国各大院校研读 MBA、EMBA、工程硕士，一线的优秀工人被送往高等院校学习。

3. 不论资排辈提拔人才

随着人才竞争的日趋激烈，三一重工管理层日益认识到从内部培养人才和选拔干部的重要性。在实际工作中，三一重工充分发挥其机制灵活的特点，保留职务上的公平竞争机制，不拘泥于资历与级别，不论资排辈，大胆任用，对有突出才干和突出贡献者进行培养和提拔。一批年轻有活力、专业素质好、管理能力强的干部正在茁壮成长。

体验活动

活动 3：树立学生的主人翁精神

【目的】

通过三项活动，培养学生的主人翁精神。

【要求】

1. 每次的主题班会由一名班委和一名学生共同主持（学生自己准备素材，要求从班会设计及安排等各方面全方位考虑，拟出方案及实施的具体措施，经班主任审核后由主持人实施）。

2. 每天的值日由一名班委和一名学生共同负责，从学习情况、课堂常规、仪容仪表、环境卫生等方面进行监督和检查，及时与班主任联系，反馈班级情况。

3. 增设管理岗位，使更多的学生能参与班级的管理工作，体验班级管理的辛苦与欢乐，让每一位学生都能够得到锻炼的机会。

将三项活动的内容和学生的完成情况填入表 6-6 中。

表 6-6　树立学生主人翁精神的三项活动

姓名：

活动	内容	完成情况打分（10 分）
活动一		
活动二		
活动三		

总　　结

　　产品制造企业的企业文化是制造企业在长期的生产经营过程中形成并为全体成员共同遵守和奉行的价值观念和行为准则，其特点主要表现为注重质量的文化、以人为本的文化、激励创新的文化。质量是制造业永恒的主题，对于产品制造企业来说，质量文化是企业文化的核心。

　　质量文化是企业在长期的生产经营中自然形成的一系列有关质量问题的意识、规范的价值取向、行为准则、思维方式以及风俗习惯。企业质量文化由质量物质文化、质量行为文化、质量制度文化、质量精神文化四个层面的内容构成。企业创建质量文化，应首先强化质量意识，推行全面质量管理，企业的各级领导应高度重视质量文化建设，成为创建质量文化的倡导者、推动者。

　　作为中国家电制造业的第一品牌，海尔集团的企业文化值得我们借鉴和学习。海尔的品牌文化要求树立五个意识：质量意识、市场意识、用户意识、品牌意识、服务意识。海尔质量文化的建设通过以下五个方面来推动：树立质量理念，制定严格的质量管理规范；用行动传播质量意识，通过管理工具创新确立质量意识，靠组织机构贯彻质量意识；通过国际上通行的标准认证强化质量意识；形成自己特有的质量管理哲学和质量文化；质量文化的应用性扩散。

　　"精益求精、以质量为生命"一直是制造业的核心精神，而三一重工秉承"品质改变世界"的企业使命，坚持"疾慢如仇，追求卓越"的三一作风，遵循"一切为了客户，一切源于创新"的经营理念，恪守"先做人，后做事"的核心价值观，打造了业内知名的三一品牌。

第 7 单元 典型企业文化：IT与金融企业

单元导读

IT企业即信息科技企业，主要是涉及信息产业的企业，以计算机行业为代表。金融企业是指经营金融产品的行业，涉及银行业、保险业、信托业、证券业等。中职学校的计算机、电子技术、会计、金融多类专业都涉及IT及金融行业，本单元将以"苹果"和"招商银行"两个典型企业为例来探索IT与金融企业的文化特征。

对于未来可能进入IT与金融行业的中职学生来说，了解行业文化的特征，知晓行业文化的典型案例，掌握行业文化的精髓，对于同学们上岗后尽快融入企业是至关重要的。

本单元重点介绍三个主题：IT与金融类企业文化的特征，探秘"华为"的企业文化特色，招商银行的企业文化。

学习目标

通过本单元的学习，你能够：

- 列举IT与金融企业文化的特征。
- 列举"华为"企业文化的主要特点。
- 列举招商银行企业文化的主要特点。
- 描述自己通过本单元的学习获得的启示。
- 独立或与同学合作完成三个活动。

主题 7.1 IT 与金融类企业文化的特征

在学校，老师会帮助你学习，到公司却不会。如果你认为学校的老师要求你很严格，那是你还没有进入公司打工。因为如果公司对你不严厉，你就要失业了。你必须清醒地认识到：公司比学校更要严格要求你。

做中学

你知道这些标识是哪些企业的吗？请谈谈你对这些企业的了解。

lenovo 联想

7.1.1　IT 企业文化的特征

1. IT 业的概念及发展

IT 的全称是 Information Technology，中文意思为信息技术。它包含了现代计算机、网络以及通信等信息领域的技术。IT 的普遍应用，是进入信息社会的标志，IT 产业有一个大致的分类，如表 7-1 所示。

表 7-1　IT 产业分类

IT 产业分类	例子
IT 基础技术的 IC 研发、软件编写	Intel、MS 等
IT 技术产品化元器件、部件、组件制造	精英、大众等
IT 产品集成化计算机及外设制造商	联想、IBM
IT 产品系统化解决方案、信息系统	华为、HP
IT 产品流通渠道、销售	神州数码
IT 产品服务咨询服务和售后服务	蓝色快车
IT 产业舆论支持——IT 类媒体	CCW、CCID
IT 产业第三方服务——各种需要配套的服务	法律咨询、公关服务
IT 后备人员培养——各种院校	计算机专业
IT 产业合作组织	各种协会、集会

21 世纪进入信息时代，席卷全球的信息科技给人类的生产和生活方式带来了深刻的变革，信息产业已成为推动国家经济发展的主导产业之一。2012 年，我国软件产业共实现软件业务收入 2.5 万亿元，同比增长 28.5%，呈现高增长态势。互联网、云计算、大数据、智能电网、金融行业现代化服务等产业热点都需要信息化服务的支持，IT 行业发展

前景非常广阔。而未来一段时期，我国将会利用国际产业转移的重大机遇，聚集各种资源，突破核心技术制约，在集成电路、软件、计算机与信息处理、现代移动通信、信息安全、信息服务和系统集成等技术领域加强创新，促进 IT 产品更新换代，推动我国由 IT 大国向 IT 强国转变，并进而推动国民经济信息化进程，以信息化带动工业化，走出一条新型工业化道路，IT 行业也会因此而更加兴盛。

2. IT 企业文化的特征

IT 技术的产生及其在其他行业和产业的应用经历了漫长的过程，它的应用起源于信息化的初期，然后迅速发展，并不断改造着其他行业，从而提高了其他产业的生产效益和经济效益。IT 技术为什么会发展如此之快？有解释说 IT 业的发展是"三分靠技术，七分靠管理，十二分靠文化"。技术把 IT 引入正轨，将它应用于其他产业，而且技术的不断更新又让它在应用领域持久不衰，但技术只强调了 IT 的功能，并没有对今后的发展有过多的要求。这就需要对 IT 进行管理，管理可以让它有规划和经营模式，使得它在发展过程中快速而稳定。可以说，管理是 IT 发展的关键因素。然而一个企业只有管理也不行，因为管理只会让一个企业按部就班地发展下去而丝毫没有一点生气。因此，IT 在长期的管理和发展中形成了决定它命运的东西——IT 文化。所谓 IT 文化，就是指一个 IT 企业的价值体系，也就是一个 IT 企业的所有职员的价值取向，即他们的价值观。

IT 企业相对于其他企业来说，具有更加激烈的市场竞争性、更强的创新动力与创新能力、更快的技术与产品创新速度、更复杂和深入的分工程度，以及更高的市场风险与不确定性，然而，文化始终是 IT 行业的灵魂，IT 行业已经进入了文化竞争的时代。所有成功的 IT 企业所表达出来的文化信息都是令人鼓舞的，谷歌、苹果等 IT 企业都是个性十足，靠独特的文化特质成为成功的后起之秀。那么，IT 文化究竟有何特征，让我们一起揭开其神秘的面纱！

速度文化 由于互联网的普及，现代企业的竞争越来越表现为人才和时间上的竞争。人才流动强度和速度越来越快，新产品的研制时间越来越紧，新产品的生命周期越来越短，而顾客不但需要产品具有良好的性价比，而且期望通过互联网得到"零"交货期或瞬时服务。这就要求企业的每一个人都要树立良好的时间观念，在管理时间上做到训练有素。

学习文化 有专家认为，近十年来，人类的知识大约是以每三年增加一倍的速度向上提升。知识总量在以爆炸式的速度急剧增长，老知识很快过时，知识就像产品一样频繁更新换代，使企业持续运行的期限和生命周期受到最严厉的挑战。据初步统计，世界上 IT 企业的平均寿命大约为 5 年，尤其是那些业务量快速增加和急功近利的企业，如果只顾及眼前的利益，不注意员工的培训学习和知识更新，就会导致整个企业机制和功能老化，成立两三年就"关门大吉"。IBM、华为等企业成功的经验表明：培训和学习是企业强化"内功"和发展的主要原动力。

创新文化　创新文化就是要让企业的每一位员工都要深刻理解企业在激烈的市场竞争中"人无我有，人有我优，人优我专"的理念和"穷则变，变则通，通则久"的游戏规则。从制定企业中长期发展战略、市场定位、年度营销计划、人力资源规划到具体实施的每一个环节中都要有创新意识，制订和选择多套应变方案。因为新经济的特征之一就是创意经济，根据客户和市场的需求，在产品、技术和服务上不断创新是现代企业的生存发展之道。

虚拟文化　新经济的主要特征之一就是在企业的各种资源中，无形资产所占的比例越来越大于有形资产。虚拟文化可理解为通过技术监督主管部门、专利主管部门、互联网和其他媒体使无形资产增值的人文环境，如企业的知识产权、专利、网页和广告宣传等。虚拟文化使得企业的运作具有法律保障和灵活、柔性、合作、共享、快速反应、高效输出等特点，并为企业带来大量的有形资产。

融合文化　目前，企业已经从过去的恶性竞争逐步转向既竞争又合作的新型"竞合"关系，要求企业必须不断融合多元文化。这种融合多元文化、合作文化和共享文化的观念，使企业能够突破看似有限的市场空间和社会结构，实现优势互补的资源重组，做到"双赢"，乃至"多赢"。在最近几年中，市场活动中常常可以看到这样一种情形，只有善于"竞合"的企业才能在市场中不断做大。

阅读材料

中国著名 IT 企业的企业文化

东软集团

东软愿景：成为最受社会、客户、股东、员工尊敬的公司。

东软使命：通过组织与过程的持续改进，领导力与员工竞争力发展，联盟和开放式创新，使东软成为全球优秀的 IT 解决方案与服务的供应商。

东软价值观：简单、负责、合作、尊重、诚信。

用友软件

用友使命：用创想与技术推动商业和社会进步。

用友愿景：全球领先的企业与公共组织软件、云服务、金融服务提供商。

用友核心价值观：用户之友，持续创新，专业奋斗。

用友价值主张：构建和运营全球领先的企业云服务平台，让客户的商业创新如此便捷。

阿里巴巴

阿里巴巴的使命：让天下没有难做的生意。

阿里巴巴的愿景：让客户相会、工作和生活在阿里巴巴。

阿里巴巴的价值观：客户第一，员工第二，股东第三；因为信任，所以简单；唯一不变的变化；今天最好的表现是明天最低的要求；此时此刻，非我莫属；认真生活，快乐工作。

7.1.2　金融企业文化的特征

1. 金融企业的特征

金融业即经营货币信用业务的行业，包括银行业、保险业、信托业、证券业和租赁业。金融业在国民经济中处于牵一发而动全身的地位，关系到经济发展和社会稳定，具有优化资金配置以及调节、反映、监督经济的作用。金融业的独特地位和固有特点，使得各国政府都非常重视本国金融业的发展。改革开放以来，特别是 1994 年金融体制改革后，金融体系及其运行机制发生了很大的变化，形成了以银行、证券、保险为主体，其他各种金融机构并存的现代金融体系。金融业已成为我国 GDP 中第三产业增加值的主要增长点。同时，由于金融机构具有网点多、结构合理、功能完备、服务方式灵活、对外开放程度高等特点，金融业的快速发展也为中央财政收入的增长提供了广阔的空间，金融业已成为保证中央财政收入的税源大户。

金融业具有指标性、垄断性、高风险性、效益依赖性和高负债经营性的特征，见表 7-2。

表 7-2　金融业的特征

特点	概述
指标性	金融的指标数据从各个角度反映了国民经济的整体和个体状况，金融业是国民经济发展的晴雨表
垄断性	垄断性一方面是指金融业是政府严格控制的行业，未经中央银行审批，任何单位和个人都不允许随意开设金融机构；另一方面是指具体金融业务的相对垄断性，信贷业务主要集中在四大商业银行，证券业务主要集中在国泰、华夏、南方等全国性证券公司，保险业务主要集中在人保、平安和太平洋保险
高风险性	高风险性是指金融业是巨额资金的集散中心，涉及国民经济各个部门、单位和个人，其任何经营决策的失误都可能导致"多米诺骨牌效应"
效益依赖性	效益依赖性是指金融效益取决于国民经济总体效益，受政策影响很大
高负债经营性	高负债经营性是相对于一般工商企业而言，金融企业自有资金比率较低

2. 银行企业文化的特征

在我国金融业中，银行始终处于主体地位，金融企业文化究竟有何特征，就让我们从银行企业文化中窥其一斑吧！

银行作为经济生活中一个特殊的企业群体，在其漫长的演进过程中，已经形成了自身独特的企业文化。银行不同于一般的物质生产、流通、服务性企业，是经营货币的特殊行业。银行企业文化具有以下特征：

承载文化 银行承载宏观经济发展。随着改革开放的逐步深入，我国社会主义市场经济的不断发展，金融活动日益渗透到社会经济生活的各个方面。金融资源的合理配置和金融的安全、高效、稳健运行，事关中国特色社会主义的经济、政治大局。处于现代经济核心地位的银行不同于其他相对独立的企业或产业，它与整个社会的经济融为一体、息息相关，因此必须把促进国家经济建设和谋求自身发展有机地统一起来。

信用文化 作为以信贷为主营业务的经营货币的特殊行业，银行的企业文化具有典型的信用文化的特征。银行必须着力于储蓄的吸纳和储蓄存款对投资的转化。通过信贷营销，扩大增量，盘活存量，优化资产结构，实现最终的商业利润。在信贷营销中，由于制度上、道德上和经营上的原因，会存在不同程度的风险，因此实现货币经营的安全性和稳定性是银行企业管理的基本要求。

服务文化 银行是窗口行业，每一个服务点都是窗口，全体员工也都是窗口。通过"窗口"，服务者的服务态度、服务方式、服务手段、服务质量都将展示无遗。而服务质量和水平，又事关顾客的取舍，影响到市场份额。尤其是加入世界贸易组织（WTO）以来，随着外资银行的进入，我国银行将失去其垄断优势，在平等竞争中，既看实力，又看服务。简捷、优质、高效服务，是银行的业务工作要求，也是银行企业文化建设的特征和目标。服务文化，要求的是员工的整体高素质和制度设施的优化和完善。

团队文化 我国的银行，特别是几大国有银行，有着众多的分支机构和千千万万的服务网点，其服务范围延伸到了全国各地。但是，银行作为一级法人，经营着同一资源，必须保持目标和意志上的高度统一。这既要求整个团队保持核心经营理念、经营目标、经营规则上的一致，又要求整个员工队伍具有强烈的协同奋斗精神。

创新文化 我国加入 WTO 以后，世界各国银行纷纷进入中国，与此同时，我国的新兴股份制银行也如同雨后春笋般俏丽街头。银行要在竞争中取胜，在改革中发展，出路在创新。观念、体制、经营、管理、技术创新，这些都是银行企业文化建设要着力围绕的生动内容。

小改变，大收效——15 厘米的故事

15 厘米不长，在距离上只是一小截；15 厘米却又很高，代表着工商银行对员工的体贴和对客户的关怀。以人为本，客户至上，工行文化的精髓就这样浓缩在 15 厘米之中。在中国工商银行浙江羊坝头支行就流传着一个关于"15 厘米"的故事。

所谓"15 厘米"，就是现金区工作台地面要比其他地面高出 15 厘米。这是为什么呢？原来，在 20 世纪 80 年代，出于安全考虑，杭州市规定银行柜台不能低于 110 厘米。但由于柜台较高，员工们办业务时只能欠着身子、伸长胳膊，既容易累，又不雅观。客户也常反映跟柜员说话太麻烦，老是听不清楚。

既然柜台不能降低，何不把柜台内的地面抬高呢？抬高 15 厘米，柜员的工作台与客户的签字台在同一水平线上，业务操作就在客户的视线之内，柜员们也感觉轻松了不少。一开始，常来支行的老客户都会疑惑地问："咦，你们怎么都长高啦？"得知是"15 厘米"的功劳时，客户们都称赞道："你们支行想得还真周到啊！现在这么面对面地，讲话可就方便多啦！"

体验活动

活动 1：体验银行服务

【目的】

到银行办理开户手续是我们日常生活中的一项基本能力，通过活动可锻炼同学们的生活能力，同时，办理开户的过程也可以让同学们体验银行的服务。

【要求】

请利用课余时间，到银行办理开户手续，注意观察银行的文化特点，体验银行的服务，完成表 7-3 的填写。

表 7-3 ＿＿＿＿＿银行企业文化资料收集表

项目	内容
你为什么选择该银行？	
你认为该银行能够体现其企业文化的内容表现在哪里？（提示：企业环境如何？是否有有关企业文化方面的标识？等等）	
开户业务办理成功了吗？	
你觉得这家银行的服务如何？	

主题 7.2　探秘"华为"的企业文化特色

　　工作将是生活中的一大部分，让自己真正满意的唯一办法，是做自己认为有意义的工作，做有意义的工作的唯一办法，是热爱自己的工作。

做中学　你对华为公司有哪些认识呢？试上网搜索相关资料，做好课前准备。

7.2.1　华为企业概况

　　华为技术有限公司于 1987 年在中国深圳正式注册成立。华为技术有限公司是一家生产销售通信设备的民营通信科技公司，总部位于中国广东省深圳市龙岗区坂田华为基地。华为的产品主要涉及通信网络中的交换网络、传输网络、无线及有线固定接入网络和数据通信网络及无线终端产品，为世界各地通信运营商及专业网络拥有者提供硬件设备、软件、服务和解决方案。华为已经初步成长为一个全球化公司。

　　华为在美国、印度、瑞典、俄罗斯及中国等地设立了研究所，每个研发中心的研究侧重点及方向不同。采用国际化的全球同步研发体系，聚集全球的技术、经验和人才来进行产品研究开发，使华为的产品一上市，技术就与全球同步。

　　华为还在全球设立了多个培训中心，为当地培养技术人员，并大力推行员工的本地化。全球范围内的本地化经营，不仅加深了华为对当地市场的了解，也为所在国家和地区的社会经济发展作出了贡献。截至 2019 年 6 月 6 日，华为已在全球 30 个国家获得了 46 个 5G 商用合同，5G 基站发货量超过 10 万个。

7.2.2　华为企业文化的特点

　　华为企业文化生生不息。华为总裁任正非创建了生生不息的华为文化，以企业文化为先导来经营企业，是任正非的基本理念。资源是会枯竭的，而文化是生生不息的。他说："人类所占有的物质资源是有限的，总有一天石油、煤炭、森林、铁矿会开采光，而知识会越来越多。"

　　1. 远大的追求，求实的作风

　　一个企业的成功，根源于企业家的胆识和追求，在于企业家的价值观和胸怀，企业家依据自己的追求和价值准则建立公正的价值体系和价值分配制度，并凭借这一体系和制度吸引和积聚优秀人才，建立严密的、有高度活力的组织，形成有高度凝聚力和高度文明的企业文化。文化鲜明的民族特征能给一个企业带来持续推动力，企业文化必须是能体现一个民族远大追求的文化。

以华为公司的远大追求为例，主要表现在三方面：① 实现顾客的梦想，成为世界级领先企业。② 在开放合作的基础上独立自主和创造性地发展世界领先的核心技术和产品。③ 以产业报国、振兴民族通信工业为己任。

任何一个强大的企业，不管其所有制性质，都是国家经济实力的创造者，都是国家增强综合国力的源泉。企业要在经营活动中处处表现出爱祖国、爱人民、爱事业、爱生活的价值观念。爱祖国不是空洞的口号，要成长为世界级公司，只能独立自主、自力更生地发展领先的核心技术体系和产品系列。而这种长期艰苦奋斗的精神力量只有来自爱祖国、爱人民。华为公司的企业家和员工是有血有肉的凡人，他们既爱祖国、爱人民，又爱事业、爱生活、爱自己和家人。这样，就把远大的追求与员工的切身利益有机地结合，把"造势与做实"紧密地结合。

2. 尊重个性，集体奋斗

坚实企业不搞偶像崇拜，不推崇个人主义，强调集体奋斗，也给个人以充分发挥才能的平台。高技术企业的生命力在于创新，而突破性的创新和创造力实质上是一种个性行为。这就是要求尊重人才、尊重知识、尊重个性。但高技术企业又要求高度的团结合作，如今，技术的复杂性、产品的复杂性更加突出，必须依靠团队协作才能攻克。华为公司是以高技术为起点，着眼于大市场、大系统、大结构的高科技企业。它需要所有的员工必须坚持合作，走集体奋斗之路。

坚实企业应该在组织上，特别是科研和营销组织上采取团队方式运作；在工作态度考评上强调集体奋斗、奉献精神；在工资和奖金分配上实行能力主义工资制，强调能力和绩效；在知识产权上，要保护个人的创造发明；在股权分配上强调个人的能力和潜力。

3. 结成利益共同体

企业应该奉行利益共同体原则，使顾客、员工与合作者都满意，这里合作者的含义是广泛的，是与公司利害相关的供应商、外协厂家、研究机构、金融机构、人才培养机构、各类媒介和媒体、政府机构、社区机构，甚至目前的一些竞争对手都是公司的合作者。华为公司正是依靠利益共同体和利益驱动机制，不断地激活了整个组织。

4. 公平竞争，合理分配

华为公司的价值评价体系和价值分配制度是华为之所以成功的关键，是华为公司管理中最具特点之处。华为本着实事求是的原则，从自身的实践中认识到：一方面，知识、企业家的管理和风险与劳动共同创造了公司的全部价值，公司是用转化为资本的方式使劳动、知识、企业家的管理和风险的积累贡献得到合理的体现和报偿。职工只要为企业做出了长期贡献，他的资本就有积累。另一方面，不但创业者的资本有积累，新加入者只要为企业做出特殊贡献，他们的利益也通过转化为资本的方式得到了体现和报偿，使劳动、知识、管理成为一体，使分配更加合理。

华为公司从以下四个方面力图使价值分配制度尽量合理：① 遵循价值规律，按外部人才市场的竞争规律决定公司的价值分配政策。② 引入内部公平竞争机制，确保机会均等，而在分配上充分拉开差距。③ 树立共同的价值观，使员工认同公司的价值评价标准。④ 以公司的成就和员工的贡献作为衡量价值分配合理性的最终标准。

体验活动

活动 2：分析"华为"文化

【目的】

通过媒体及网络，更深入地了解华为公司的企业文化，思考问题。

【要求】

思考以下问题：

1. 你想拥有"华为"吗？为什么？

2. 对比华为与其他数码产品的区别，说说"华为"产品所表达的文化理念。

3. 比照自己的价值观与企业要求之间的距离。

主题 7.3　招商银行的企业文化

招行注重服务营销中的细节，致力于以真心、专业和高度负责的精神来感动客户。

做中学　请上网查询招商银行（以下简称招行）的企业文化，主要侧重精神文化方面，完成表 7-4 的填写。

表 7-4　招商银行企业文化收集表

项目	内容
创立时间	
精神文化	1.
	2.
	3.
其他方面文化	

7.3.1 招商银行的发展

成立于 1987 年 4 月 8 日的招商银行，是我国第一家完全由企业法人持股的股份制商业银行。自成立以来，招商银行先后进行了三次增资扩股，并于 2002 年 4 月成功上市，成为我国第一家采用国际会计标准上市的公司。

最初的招商银行，从深圳蛇口起家，只有一个网点，员工人数不足 40 人。截至 2018 年年底，招商银行境内外分支机构逾 1 800 家，在我国大陆地区的 130 余个城市设立了服务网点，拥有 6 家境外分行和 3 家境外代表处，员工 86 000 余人（含子公司及派遣人员）。在英国权威金融杂志《银行家》公布的全球银行 1 000 强榜单中，招商银行按一级资本在 2020 年排名第 17 位，比 2019 年提高 2 个位次；而在全球银行品牌价值 500 强榜单上，招商银行已进入了全球 10 强，2019 年位列第 9 位。在《财富》世界 500 强榜单中，招商银行连续 9 年入榜，2019 年名列世界第 189 位。截至 2019 年 6 月底，招商银行总市值 8 995 亿元，列全球银行业十强，市净率、市盈率继续位列境内主要上市银行榜首。此外，招商银行还在境内全资拥有招银金融租赁有限公司，控股招商基金管理有限公司，持有招商信诺人寿保险有限公司 50% 的股权、招联消费金融公司 50% 的股权；在香港特别行政区全资控股招商永隆银行有限公司和招银国际金融控股有限公司，是一家拥有商业银行、金融租赁、基金管理、人寿保险、境外投行等金融牌照的银行集团。截止到 2019 年三季度末，招商银行实现净利润 772.39 亿元，同比增长 14.63%。

招商银行的发展离不开招商银行的文化。招商银行立足于市场和客户需求，坚持"科技兴行"的发展战略，以敢为天下先的勇气，不断开拓，锐意创新，在革新金融产品与服务方面创造了数十个第一，从一卡通到一网通，再到金葵花和点金理财，这些产品和服务较好地适应了市场和客户不断变化的需求，在国内外都赢得了良好的声誉。许多媒体赞誉招商银行是"一招鲜，吃遍天"的新锐银行，是国内创新能力强、服务好、技术领先的银行。

> **想一想**：是什么成就了招商银行的成功？

7.3.2 招商银行的企业文化演进

招商银行的企业文化是在艰苦创业的历程中，在日常经营管理的实践中，在全行干部员工认识不断提升的过程中总结提炼出来的。从初创期创新导向的"创业文化"到目标导向的"规模文化"，再到规则导向的"风险文化"，继而向更高层次的"管理文化"演进，招商银行的文化内涵和外延、内容和形式都与时俱进，不断得到充实和提高。

创业文化 第一阶段（1987 年—1993 年 11 月）：文化萌芽期，创业文化。成立之初的招商银行具有明确的愿景——"做真正的银行"，并且有强烈的历史使命感——"在中国这块土地上走出一条改革的路子，办成中国特色的社会主义新型银行"。"吃苦在前、享受在后""拼搏、奉献、创新""敢为天下先"和"以苦累为荣"等这个时期提出的口号集中反映了招商银行文化萌芽期的企业价值取向是拼搏奉献、创新和客户至上。而在制度层面，当时的人力资源制度体现出与文化精神层面较好的契合，主要表现在：一是在招聘中体现公平竞争；二是严格的考核和晋升机制；三是比较注重人文关怀。

规模文化 第二阶段（1993 年 11 月—1999 年 3 月）：文化发展期，规模文化。随着总行从蛇口搬到深圳，招商银行进入了高速发展期；而受到那一时期全国金融行业高热的感染，不可避免地具有强烈的规模扩张的冲动，形成了规模文化。这一阶段，招商银行的愿景是做"国际化的大银行"，价值观则是"以业绩论英雄"、重结果不重过程。个人工作业绩与收入、晋升紧密挂钩，注重业务发展速度、规模和短期效益，相信"发展是硬道理"。服务意识进一步得到加强，于 1997 年提出的"拼搏、奉献、创新"成为招商银行精神的核心内容；在经营理念上创新意识非常突出，而在风险意识上相对欠缺，管理比较薄弱，业务管理制度缺乏统一性，这些原因很自然地导致了团队与全行协作的不足，相对缺乏人文关怀。

风险文化 第三阶段（1999 年 3 月—2002 年 4 月）：文化变革期，风险文化。随着行长更迭，以及领导团队对高速发展累积大量风险的反思，招商银行开始在价值取向上强调风险管理是银行永恒的主题，把风险文化作为企业文化的重要组成部分，重结果更重视过程，严格按规章制度办事，培养从实际出发的扎实的工作作风，效益重于规模，长期重于短期。为统一思想，招商银行还提出处理好管理与发展，质量与效率，股东、员工和客户，制度与文化，长期效益与短期效益五大关系。

管理文化 第四阶段（2002 年 4 月上市至今）：文化整合期，管理文化。随着上市成为公众公司，招商银行提出银行"因势而变"的理念、一三五铁律、"效益、质量、规模协调发展"的科学发展观及经营战略转型的思想，成为国内商业银行业的思想领袖。招商银行文化的精神层从"铸造中国民族银行业精品，宁可降低速度也重视资产质量"，向"打造股市蓝筹，塑造百年招银"的目标转变（见表7-5）。

表 7-5 招商银行文化精髓

招银愿景	力创股市蓝筹，打造百年招银
招银使命	为客户提供最新最好的金融服务
核心价值观	服务、创新、稳健

续表

经营理念	因势而变，因您而变
发展理念	效益、质量、规模协调发展
人本理念	尊重、关爱、分享
全局理念	全局至上，和谐为美
招银精神	挑战、自省、奉献
招银作风	严格、扎实、高效

在面对日趋激烈的市场竞争、日渐艰难的经营环境、日益凸显的金融风险的严峻形势下，招商银行在上下齐心协力求生存、求发展的艰苦努力中，企业文化发挥了不可替代的巨大作用。正是由于有了优秀的企业文化，招商银行才造就了一支优秀的员工队伍，才创造了令人瞩目的出色业绩。

圆 70 岁老人的网购梦想

阅读材料

深圳福田支行柜员丘飞翠一直珍藏着一枚钥匙扣，因为它代表着一位老人一生的心愿。

老人已经 70 岁了，腿脚残疾并患有心脏病。经历过书信年代、录音机年代、电脑年代的他，一直怀着一个电子商务的梦想，就是用自己的网银，足不出户地在网上购物。然而，开通网银需要本人到柜台办理，这可难坏了老人的儿子、儿媳，他们询问了几家银行都被婉拒。

看着这对中年夫妻一脸期盼的神情，丘飞翠明白老人家这个特别的梦想对于他们有着重大的意义。于是，丘飞翠征得行里同意后，为老人上门服务。

网银开通后，70 岁的老人如同 7 岁的孩童，满脸喜悦。事隔月余，那对中年夫妻带着一个精美的钥匙扣，又来到福田支行。原来，一个月前，老人家用自己的网银在网上买了几样东西，但是三天后却突发心脏病去世了，而网购的东西还在邮递的路上。老人家弥留前叮嘱他们，他在网上买了一个音乐公仔和一个钥匙扣，音乐公仔送给小孙子，钥匙扣想送给那个帮他开通网银的招行小姑娘。

体验活动

活动 3：探秘招商银行企业文化

【目的】

通过活动加深同学们对企业文化构成的认识，了解招商银行的企业文化特征，学会独立思考、分析和解决问题。

【要求】

请同学们利用课余时间，上招商银行网站查询招商银行营业网点，就近选择一家营业网点实地观察，完成表 7-6 的填写，并拍摄三张代表招商银行企业文化的照片发送至教师邮箱。

表 7-6　招商银行企业文化调查表

项目	内容
招商银行的地点	
招商银行的标语	
招商银行的服务态度	
招商银行的营业厅环境（提示：环境是否干净舒适、有无座椅、有无便民服务设施等）	

总　　结

IT 企业即信息技术企业，主要是涉及信息产业的企业。金融企业是指经营金融产品的行业，涉及银行业、保险业、信托业、证券业等。

作为 IT 与金融行业的代表，"华为"与"招商银行"都有其独特与卓越的企业文化。两家企业都是从困境中生长出来的行业巨擘，"华为"的大无畏精神与求真务实、鼓励创新、勇于冒险、团队协作的价值观，以及"一招鲜、吃遍天"的招商银行精神，都向我们展示了其文化制胜的魅力。

作为准职业人的中职学生，也应具备"华为"与"招商银行"的这种魄力，敢为人先、追求卓越，不断改变自己、完善自己，努力成为职场"大咖"。

第 **8** 单元　走进企业

单元导读

　　了解企业文化，是为了接受企业文化、适应企业文化。在前面几个单元学习了企业文化相关知识之后，本单元将要介绍中职毕业生从求职应聘到进入企业初期这一阶段的相关知识。这是由中职生向职业人转变的关键期，是每个中职生职业生涯的必经之路，也是接受与适应企业文化的前奏。

　　"求职择业—融入企业—决胜职场"是本单元的主线，如图8-1所示。首先，要在竞争日益激烈的就业市场中找到一份适合自己的职业，跨出职业生涯的第一步；其次，初入企业，就是毕业生正式接触企业文化的开始，要感受企业的氛围，了解主管的作风和同事的特点，将自己真正融到企业中去；最后，在竞争激烈的职场中努力拼搏，闯出一片自己的天空，做职场的成功者。

| 求职择业 | 融入企业 | 决胜职场 |

图 8-1　本章内容示意图

　　本单元重点介绍三个主题：求职应聘技巧，新员工、新角色，个人发展与企业发展。

学习目标

通过本单元的学习，你能够：

- 知道求职应聘前应进行哪些准备。
- 掌握求职面试的基本技巧。
- 学会处理职场人际关系，尽快融入企业。
- 正确处理个人发展与企业发展的关系。
- 学会克服职业发展的瓶颈，取得职场成功。

主题 8.1　求职应聘的技巧

有勇气来改变可以改变的事情，有胸怀来接受不可改变的事情，有智慧来分辨两者的不同。

做中学　　行动需要目标的指引，求职应聘，首先要确定一个求职方向，运用所学的职业生涯相关知识，完成表 8-1。

表 8-1　求职意向

我所学的专业	该专业所对应的职业群	我的求职打算

8.1.1　应聘准备

面对竞争日益激烈的就业市场，中职生要实现求职成功、少走弯路，在应聘求职之前就要做好充分准备。这种准备主要包括求职材料的准备、信息的收集、个人形象的设计以及应聘前的心理调适。下面将主要介绍求职材料的准备和个人形象的设计。

查一查：我国当前的就业政策是什么样的？

想一想：中职生可以通过哪些渠道收集到招聘信息？

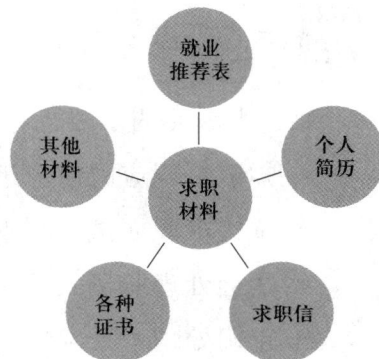

1. 求职材料的准备

对即将面临就业的每个毕业生而言，当务之急就是制作一套个人求职材料了。在双向选择过程中，求职一般分两步：第一步是递交求职材料，第二步是参加面试。大部分用人单位安排面试的依据是通过求职材料来判断和评价毕业生的学习成绩和工作潜力。因此，毕业生要想成功地向用人单位推销自己，制作具有说服力和吸引力的求职书面材料是成功择业必不可少的一步。

广义的求职材料应包括就业推荐表、求职信、个人简历、各种证书和其他相关材料，如图 8-2 所示。毕业生的求职材料应多侧面、多角度、准确、全面地反映自己的专业水

图 8-2　求职材料

平、组织能力、领导能力和综合素质。通过所提供的书面求职材料，用人单位可从中了解到毕业生的身份、能力、综合素质等基本情况，以判断和评价毕业生的学习成绩、工作潜力，从而确定能否给毕业生提供面试的机会。

求职材料的内容不是越多越好，而是要力求简洁，突出重点和特色。关键是要准确地分析应聘岗位与自己的能力、知识和性格的匹配性。为了方便阅读，材料摆放要有条理，最好在前面设置目录或阅读提示。整套材料制作要精美，用字要规范，使阅读者赏心悦目，但不能弄得过于花哨，给人华而不实的感觉。

2. 个人形象的设计

阅读材料　　小赵是一位应届毕业生，获悉一家企业要召开招聘会，根据自己对时尚的理解，小赵对自己的形象进行了一番修饰：上身穿笔挺的西服，但不系领带，下身穿牛仔裤，足蹬休闲旅游鞋。无疑，他希望自己能给那家公司留下精明强干、时尚新潮的印象。

然而，事与愿违，小赵在展示了自我形象后，该公司招聘人员直截了当地告诉他："你的其他方面都合格，但个人形象不过关，公司有严格的纪律规定，如此形象的员工不能要！"于是，小赵与这次就业机会失之交臂了。

个人形象是一个人仪容、表情、举止、服饰、谈吐、修养的综合体现，而一个企业的员工的穿着打扮也是企业文化的外在表现。要想在面试时给人留下良好的第一印象，就要对个人形象进行必要的修饰，从而在展现自己内在修养与品位的同时，也要让对方感觉到应聘者与企业氛围的和谐与融洽。

如何才能在应聘时给用人单位留下较好的第一印象呢？总的原则是：朴素、简洁、成熟、聪慧、灵敏、勇于进取是当今雇主对员工所共有的心理期待。要通过简洁得体的外在形象将自我充分地表现出来。在应聘时，正确的个人形象修饰应注意：

（1）发型要与整体和谐，男女生都要保证头发的清洁。男生发型不宜过短或过长；女生或将长发束起，或齐耳短发，只要与自己的其他部位搭配协调，都不失为一款好的发型。

（2）着装要坚持简朴、大方、舒适的原则，不穿奇装异服；不穿太暴露或太短的服装。

（3）着装要与当时的环境相协调，以职业装为宜，不宜穿着太过随便的服装。如男生穿一件干净的衬衣，一条无皱的长裤，系上一条色彩适中的领带；女生或是得体的套装，或是一条设计简洁、素雅大方的长裙，这样都会给人留下良好的第一印象。

议一议：企业需要的是最优秀的员工还是最合适的员工？

此外，应聘时的个人形象设计要与企业文化相适应，与所应聘职业岗位相协调。不同职业岗位对从业者的形象要求是不一样的，如表 8-2 所示。

表 8-2　中职生应聘常见的十种岗位对形象的要求

应聘岗位	形象要求
操作技术人员	穿着整齐、干净，服装款式多为制服。女性以短发为主
服务人员	干净整洁，不施浓妆。使用普通话，善用礼貌用语，口齿清楚。微笑而不做作。服装色彩要注意搭配，一般上装颜色深，以稳重为主。不要穿着过于休闲与家庭化的服装
文秘人员	穿着端庄大方，讲话声音甜美亲切，举止有分寸。宜着制服或职业套装，适当佩饰物可显得活泼与可爱
销售人员	穿着代表公司的形象，要注意与公司的文化氛围相一致，应体现朝气与活力，仪表姿态要得体
管理人员	穿着一定要大方，给人以成熟与稳重的印象。与人交往是工作的核心，故而待人接物要和蔼可亲，耐心周到
财务人员	着装应简洁干练，切忌过多装饰
宣传人员	作为企业形象代言人，要求语言表达清晰，普通话要标准。与人交谈要掌握分寸，凸显体面、大方。着装以职业套装为主，不宜佩戴过多或过于贵重的饰物
设计人员	穿着可适当自由，可以适当彰显个性，以舒适自然为宜。但也要考察招聘单位的企业文化，不要因一味追求个性而显得与所应聘企业格格不入
教学人员	着装得体大方，整洁干净；讲普通话，不着奇装异服；饰物以少为佳
体育运动人员	一般为专业运动装，衣着得体大方，款式可新颖、多样化

8.1.2　面试的技巧

阅读材料

　　小关在整个面试过程中感到主考官对自己表现十分满意，可到了该说再见的时候，主考官只是点点头，面无表情地说："你可以走了。"没看到微笑，小关心想也许出问题了！但面试已经结束，即使有问题也无法挽回了。于是，小关站起来朝门口走去，正准备开门时，他又转身朝考官们鞠了一躬说："谢谢！"然后轻轻关上门。半个月后，他被录取了。

　　事后，那位曾经的面试主考官，也就是小关现在的顶头上司见到小关时，笑着说："我记得你，那天我们接待了约 100 名应聘者，你是唯一向我们鞠躬，并且关门时显得那么有礼貌的人！"此时的主管脸上满是和蔼的笑容，说："我们是服务行业，不论客户的态度怎么样，我们都应展示出我们最好的形象！"

通常情况下，在审阅材料、笔试等初选程序之后，正式录用之前，用人单位都要进行一次面试，这是最后的筛选。应聘者的学识水平、职业技能在简历中一般都有反映，因此面试要考察的是应聘者的个人素质，如形象气质、应变能力、处事态度等，所以，面试往往是求职最后的且最关键的环节。一般说来，通过面试，应聘才算初步落实了就业单位。那么，中职毕业生在面试时如何才能闯关成功呢？

1. 注重细节，保持礼貌

面试是一种面对面的交流活动，应试者要在有限时间内展现自己的个人素质和职业能力，就应该从举手投足、一言一行做起。具体来说要做到几个方面。

自然得体
适当微笑

人际交往最忌矫揉造作，面试其实也是一种特定场合下的人际交流与沟通，要将自己最美的一面恰当、自然地展现在考官面前。在这种展示的过程中，不可忽视微笑的力量。因为在世间万物中，人是最美的；在人的千姿百态的言行举止中，微笑又是最美的。面带微笑，是一种友善、自信、尊重他人的表现，会让对方感到轻松，增强交流的融洽气氛。但微笑要做到自然、有分寸，如果在不该笑的时候发笑，或动作夸张、笑的声音很大，不仅会显得失礼，也会使应试者本人感到尴尬。

体态语言
真情流露

体态语言又称动作语言，是人际交往中传情达意的一种方式。在面试当中，应做到以下几个方面：

（1）应试者应先敲门，在得到允许后才可以进入面试现场。接着应试者应向现场考官问好致意，并做自我介绍，此时可以顺手递一份个人简历或求职信，然后在考官许可后方可入座。在进行这个动作的过程中，可以和考官握手，但要视情况而定，不要生搬硬套。

（2）在交谈过程中最好显得拘谨一些，不要肆无忌惮，随意走动，不得未经允许随便翻阅用人单位的资料，这是一个最起码的礼貌要求。

（3）与招聘考官交谈过程中不要左顾右盼，否则会显得对用人方的谈话极不在意，会影响对方的情绪。

（4）要坐姿端正，不能跷"二郎腿"，身体不要晃来晃去，或用手指在膝盖上有节奏却无目的地敲打，这样显得极不稳重。

面试如何才是讲礼貌

阅读材料

（1）准时赴约。一定要按照通知的时间、地点准时到达。一般情况下，最好能提前 10～15 分钟到达，留出准备的时间。不要让他人陪你入场。

（2）尊重接待人员。到达面试地点后，注意向接待人员问好并进行自我介绍，听从接待人员的统一安排。

（3）彬彬有礼。面试开始后，对待面试考官要做到彬彬有礼，如当对方说"请坐"时，一定要说"谢谢"。

（4）讲究谈话礼仪。在面试的谈话过程中，一定要把握谈话的重点，做到准确客观，态度要热情坦诚。切忌任意打断考官的谈话或不顾对方感受，任由自己夸夸其谈乃至炫耀。

（5）适时告辞。当考官有意结束面试时，要适时告辞，并表示谢意。离开房间时，要轻轻带上门，同时不要忘记向接待人员道谢、告辞。

（6）致信道谢。为使对方加深印象，也可以在面试之后给考官写封感谢信，但要注意信不宜过长，在信中一方面致谢，另一方面可再次强调希望进入该公司工作的愿望。

2. 随机应变，从容应答

面试谈吐应落落大方，不卑不亢，本着礼貌、诚实的原则，从容应对考官的提问，具体应做到以下几个方面：

突出优点　紧扣要点

首先，必须敢于介绍自己。要有足够的信心和适当的表现欲，切忌扮演"牙膏"的角色——问一句，答一句，甚至问几句都答不上一句。要知道在这种时候，沉默、畏缩、矜持、腼腆等心理状态和外在表现都有可能使你失去眼前的机会。其次，还要注意不要低估自己。有的人对自己的特长、优点不敢讲，对经过努力可以做到的事不敢表态，对于个人的愿望不敢阐述和表达。他们担心，如果把自己说得太好，到了实际工作中干不出成绩怎么办？其实这种顾虑是多余的，是缺乏社会经验和择业常识造成的。如果在表露自己的时候讲不出自己有什么优点，反而讲了一大堆这也不会、那也不能的套话，就会使用人单位认为你能力有限。因此毕业生在表现自己的过程中，既不要吹嘘自己，也不要低估自己，应基于自身的客观实际，积极、客观地表现自己，力争恰到好处。

诚实机敏　扬长避短

每个人都有自己的特长和不足，无论在性格上还是在专业上，都是如此，因此面试时一定要扬长避短。例如，性格外向的人往往容易给人留下热情活泼、思维敏捷但不深沉的印象，在面试时，这类性格的人要注意克服自己的弱点，讲话的节奏要适当放慢，语言组织得当，要注意给人以博学多才、见多识广的印象；性格内向的人则容易给人留下深沉有余、反应迟缓的印象，在面试时，这类性格的人要力争早发言，并就某一重大问题展开论述，以弥补自己性格上的不足。其次要显示潜能。面试的时间通常很短，求职者不可能把自己的全部才能展示出来，因此要抓住一切时机，巧妙地显示潜能。显示潜能要实事求是、简短、自然、巧妙，否则也会弄巧成拙。

大多数情况下，回答问题的方式比结果更重要，因为招聘者的提问有时并没有实际意义，或许只是测试一下你的性格特点或品质特征。此时，诚实机敏的回答更能引起招聘者的兴趣。

面试谈吐要坚持的六个原则

阅读材料

（1）思路清晰，分清主次，有条有理。

（2）时刻不忘展现自己的学识水平，并让考官相信你的学识水平是适合你应聘的岗位要求的。

（3）谈及业余爱好要联系应聘岗位，有助于展示你的职业能力和人格。

（4）要让对方感到你非常了解这个行业和单位。

（5）要说明你来这家公司应聘，是为了更崇高的目标，而不是仅仅为了自己。

（6）要说明你非常热爱这份工作。

---

3. 小组面试，脱颖而出

小组面试是一种较常见的面试形式，又称集体面试，面试时多位应聘者同时面对招聘者，回答同样的问题或完成相同的任务。该面试方式主要用于考查应聘者人际沟通的能力、洞察与把握环境的能力、敏捷思考的能力、团队合作的能力等。从容自如、恰如其分地表达自己的能力以及善于与他人竞争的能力，是应对集体面试的关键。作为求职者，如何在小组面试中脱颖而出呢？

放下包袱
大胆开口

对于每个小组成员来说，机会只有一次，如果胆小怯场，沉默不语，不敢放声交谈，那就等于推掉了被考察的机会，结局自然不如意。当然，如果能在组织好材料的基础上做到第一个发言，那样效果就会更好，给招聘者的印象也最深。

逻辑严密
论证充分

小组讨论中，当然不是谁的嗓门大谁就得高分，考官是借此考察一个人的语言能力、思维能力及业务能力，不着边际地夸夸其谈，只会在大庭广众下出丑，将自己的不足之处暴露无遗。话不在多而在精，观点鲜明、论证严密、一语中的，可达到一鸣惊人的效果。

尊重队友
友善待人

相信每个小组成员都想抓住机会多发言，以便"凸显"自己，但若是为了表现自己，对对方的观点无端攻击、横加指责、恶语相向，往往只会早早出局，因为没有人愿意聘用一个不重视团队合作，为了抬高自己而贬低他人的人。

4. 知彼知己，以诚相见

面试之前一定要认真对招聘企业和相应岗位进行了解和分析。在面试之中恰如其分地把自己对该企业的了解表述出来，非常认真地强调自己是如何适应和符合该岗位的条件，同时也要非常诚恳地说明自己还有哪些能力和知识暂时达不到该岗位的要求，自己准备从哪些方面提高以适应该岗位的需要，让招聘人员真正感受到你希望得到这份工作的强烈意愿。

体验活动

活动 1：模拟面试

【目的】

体验面试求职，掌握面试技巧。

【要求】

你是一名应届中职毕业生，你看到了英才公司的招聘信息后决定前去面试，你要面对的是几位挑剔的考官，台下还有该公司的一些员工代表，请根据以下招聘信息，参加面试。

英才公司招聘信息

招聘岗位：营销员、文秘、计算机操作员、业务经理。

招聘要求：

- 中专及以上学历。
- 具有良好的语言表达能力与沟通能力，积极主动，服从及配合性强。
- 爱岗敬业，有吃苦耐劳精神。

活动准备：

1. 根据招聘岗位要求，准备简单的书面材料。

2. 依据该岗位的职业特点，对个人形象进行必要的修饰。

3. 设想考官会提出的问题，并准备应答的方案。

活动流程：

1. 参加面试人员依次进行面试，面试环节包括：

（1）递交应聘材料并作自我陈述。

（2）回答考官提问。

（3）抽签答题。

（4）特长展示。

2. 考官对面试者的表现进行打分。

3. 考官对面试者的表现进行点评。

4. 员工代表参与提问并点评。

面试环节及评分要求如表 8-3 所示。

表 8-3　面试环节及评分要求

序号	面试环节	分值（满分100分）	用时
1	提交应聘材料并作自我陈述	40 分	3 分钟
2	考官提问	30 分	3 分钟
3	抽签答题	20 分	2 分钟
4	特长展示	10 分	2 分钟

活动 2：职场高手访谈

有些成功是可以复制的，那些顺利实现就业并在工作岗位上游刃有余的人，往往都有其独到之处，对正在求职的中职毕业生来说，他们的求职经历都是宝贵的经验财富。想要分享这些财富吗？找他们谈谈吧。

【目的】

了解他人的求职经历，学习他人在求职上的成功经验，为自己的求职做参考和借鉴。

【要求】

找一位求职高手，他可以是你的一位亲戚或朋友，也可以是你的学长，专门做一次求职经验访谈，并总结出可供自己学习和借鉴的经验。

主题 8.2　新员工，新角色

播下一个观念，收获一个行动；播下一个行动，收获一种习惯；播下一种习惯，收获一种性格；播下一种性格，收获一种命运。

游戏：不"打"不相识

做中学

小组成员围成圈，一位同学站在中间，用棒子指向哪位同学，哪位同学就必须立即报出自己的名字，附带简单的自我介绍，其他同学则要记住这些信息。一圈循环下来后，第一位同学将棒子交给圈内的某位同学，由他执棒，棒子指向哪位同学，该同学必须立即报出圈内的另一位同学的姓名，而且不可与前面同学已报出的名字重复。执棒者立即跑到被喊出名字的同学面前，等他喊出下一位同学的名字。限定时间报不出名字的同学将被换上来执棒。如此直至大家熟悉组内每位同学的姓名。

8.2.1　放低姿态，虚心学习

告别菁菁校园，步入工作单位，是选择就业的中职毕业生社会化过程中的第一步。从这一天开始，我们的社会角色开始发生变化，开始由学生向职业人转变。这个转变，一般都要经历三步：选择角色—适应角色—进入角色。对于那些刚迈出校

议一议：1. 当我们来到一个新的环境中，是不是经常因为记不住某个人的名字而尴尬和苦恼？
2. 这个活动给了我们什么启示？

园，走向社会，开始全新的职业生涯的广大毕业生来说，要做好自我心理调适，初步树立良好的职业形象，正确对待过去的学习经历与现在工作的关系，虚心向身边的同事学习，不断充实和完善自己，为自己的职业生涯开一个好头。

1. 正确对待过去的学习经历与现在工作的关系

中职生经过几年的在校学习，已经具备了一定的理论基础和职业技能，大部分同学都已是学有所长，甚至有的还曾在省市乃至全国技能比赛中获过大奖，是同学中的佼

想一想：生活中还有哪些地方需要这种"空杯心态"？

佼者。现在进入职场，突然发现面临的一切都与自己的想象相去甚远，所面对的工作以及环境都是陌生的，诸多工作中的实际问题都不知如何处理。面对新的工作，自己还只是一个名副其实的"新手"，此时该如何调整心态，重新为自己定位，如何对待周围的同事呢？此时如果还是沉浸在对自己过去成绩的陶醉中，眼高手低，那显然是要碰壁的。正确的做法是：放低姿态，从零开始。因为要想成就大海，海纳百川，就要比江河地势更低；要想成就事业，博采众长，就要有空杯心态。

2. 虚心向同事学习

阅读材料

小汤刚刚从学校里走出来，他和许多毕业生一样，有着天之骄子的骄傲。凭着名校学历，他很快就在一家大型企业里找到了一份工作。他很自得，不把比他学历低的领导放在眼里，但是他的业务却因为他的鲁莽和草率而一再失败。这时，他记起了老师的教导："在职场里，每个人都是你的老师，要记住，你什么也不是，什么也没有。好好向你的领导学习，你才能成为一名真正的人才。"

于是，小汤找到主管，请求到车间去工作，尽管主管很惊讶，但还是同意了他的请求。在车间里，小汤完全没有了天之骄子的架子，他虚心向工人们学习，不但学到了技术，还学到了丰富的人际交往经验，很快得到了工人们的喜欢。主管也为他的成长高兴，把他调到身边，主动教授他业务方面的知识。很快，小汤就在这个领域工作得游刃有余，成了这个领域的佼佼者。

对新入职场的人来说，工作和生活的经验都很匮乏。此时，许多工作对新员工而言，都有赖于他人教导，比如，有关业务的操作、票据的填制等，都必须认真学习。刚进入公司，就是为自我成长而努力学习的阶段，而多向同事求教是进步最快的一种方式。所谓"近水楼台先得月"，身边的同事都是老师，新进员工绝不要放过任何向身边的领导、同事学习的机会。新来的员工，每天都需要学习。只不过，踏上工作岗位以后，学习的场所从课堂变成了公司，学习的方式也从被动接受变成了主动吸收。如果你能够经常以积极、谦虚的态度来请教他人，大家也必然乐于相助。要注意充分尊重同事的意见，不论对方的年龄是大还是小，资历是深还是浅，都应该虚心求教，所谓"三人行，必有我师焉"，让每位同事都成为自己的老师，从身边的每个人身上学习。

8.2.2 融入团队文化，学会团队合作

1. 认识团队文化

团队文化是企业文化的组成部分，它是由团队价值观、团队使命、团队愿景和团队氛围等要素综合在一起而形成的，如图8-3所示。

图8-3 团队文化的内容

人不能离开社会，也不能离开集体。一个没有集体的人是很孤独的，而比他更孤独的，则是生活在集体当中却和所在的集体格格不入的人。没有一个开放型的集体会拒绝一个新人，也没有一个不合群的新人能征服一个集体。所以作为新人，从踏入一个团队的那一天起，就必须明白这样一个道理：团队是一个战斗的集体，这个集体的每一个成员，都是增强团队战斗力的重要部分。团队里的每一个成员，都要领会团队的精神要旨，认同团队的文化，为团队的共同目标而努力。

塑造团队文化的关键就是在团队形成与发展的过程中提炼团队的价值观、团队使命和团队愿景，并以此为基础逐渐形成相对稳定的团队氛围。

阅读材料

1987年的华为只有六名员工，全部资产只有区区两万元；截止到2018年的华为却已发展成为年销售收入7 212亿元、全球员工总数超过18万、华为5G专利全球排名第一。谁在30多年间创造了华为的神话？

华为所进入的电信设备行业是一个竞争异常激烈的行业，在跨国电信设备巨头面前，华为无论在技术上、人才上，还是在管理上、资金上都没有任何优势可言。华为

的成功很大程度上应归功于华为拥有一支令竞争对手胆寒的高绩效销售团队，以及最终成就了这支高绩效团队的团队文化。"资源是会枯竭的，唯有文化才能生生不息"，这句被华为人挂在嘴边的话，表达出了华为前 CEO 任正非对"文化"二字最深刻的理解。

2. 融入团队文化

要真正融入一个团队，成为团队的一员，必须要融入团队文化，也只有融入了一个团队的文化，才算真正融入了团队。而要融入一个团队的文化，则应做到以下几个方面。

目标一致　目标是一个团队最重要的要素，没有共同的目标，就绝不会成为一个高效团队。因为目标即方向，方向决定未来。奋斗方向统一，团队的合力才会与日俱增。在物理学中，合力的大小不仅取决于各分力的大小，而且取决于各分力的方向。因此，各分力的大小虽不变，但用力方向不一致，合力也不可能达到峰值，甚至会等于零。所以，要融入团队文化，首先就是要和团队成员保持目标一致，使个人目标服从于团队的共同目标。

积极参与　尽量参加公司组织的社交活动和团队的一切活动。有组织行为学家统计，在大多数企业，尤其是外向型的欧美跨国公司中，员工升职的概率与其在企业中的曝光率（如组织活动、作报告等）成正比。很多新进员工正是通过在这些活动中的良好表现而获得了领导的赏识。当然，通过参加社交活动融入公司文化甚至获得提升的前提是，你真的热爱你的工作，在每一次社交活动中，你都尽情投入。

和衷共济　和衷共济，就是说大家一条心，共同克服困难，这是自古以来人们一直追求的境界。所谓"人心齐，泰山移"，团队成员在为共同目标奋斗的同时也能结成战友般的友谊，这也便于团队文化的形成和团队目标的实现。融入团队文化，则个人必须服从集体，个人利益必须服从于团队集体利益。合则盛；分则衰。合者势大，分者力弱。在组织里面，要发挥各种优势，都须讲究合力。如果成员之间没有合力，即使都很努力，但团队也很难发挥最大的效能。

体验活动

活动 3：游戏："盲人"穿拖鞋

【目的】

体验信任与协作的重要性，领会团队协作要领。

【要求】

1. 选出一名志愿者，在地上画一道横线，同时在线前方五六步远的地方放一双拖鞋。

2. 告诉志愿者，他的任务就是在被蒙上双眼的情况下，将这双拖鞋穿到脚上。

3. 告诉其他人，在志愿者行进的过程中，他们要给他以指引，但不可以误导他。

4. 给志愿者蒙上眼睛，让他原地旋转三次，然后宣布游戏开始。

【思考】

1. 作为志愿者，当你的眼睛被蒙上之后，有什么感觉？

2. 有了其他队员的帮助后，你是否觉得任务简单了？为什么？

主题 8.3 个人发展与企业发展

什么叫坚持和毅力？风和日丽，鸟语花香，一马平川都谈不上坚持和毅力；只有北风刺骨，天寒地冻，大雪封山，满眼荆棘，崎岖坎坷，山穷水尽，才谈得上坚持和毅力。

做中学 借助表 8-4，查找差距并尝试找到自我提高的训练方法。

表 8-4 改善职场人际关系检查训练表

序号	检查要点	训练方法
1	你是否只要自己在场，就能带给周围同事喜悦的心情	
2	你是否了解交往对象的爱好与心理需要，并乐于满足	
3	你是否能无微不至地关心与照顾身边的同事	
4	你是否经常用积极的行动来帮助别人	
5	你是否将"热诚、宽容、微笑"作为与同事相处的座右铭	
6	你能否在交往时既真诚，又谨慎	
7	你平时是否主动留意交往对象的个性、经历、兴趣、家庭等情况	
8	你是否注意学习他人的交往技巧	
9	你受人之托时，能否竭心尽力，不辜负他人的信赖	
10	你能否做到不轻率应诺他人，而一旦应诺，则必定兑现	

8.3.1 个人发展与企业发展的关系

"一滴水怎样才能不干涸？"如果把它放到江河海洋里去，它就与周围的伙伴融为一体，再也不分彼此，就不会干涸，否则它们就永远共存。

个人发展与企业发展是统一的。一方面，个人发展与企业发展互为前提和条件；另一方面，个人发展与企业发展相互促进。企业是由人组成的，企业发展的根本在于人，员工个人能力得到提升，那么这个企业的工作标准和基础平台就随之提高；员工的工作效率高，分解任务的能

议一议："大河有水小河满，大河无水小河干"反映了什么样的道理。

力强，完成任务的质量就高，企业发展的速度就快，发展空间也就更大。反之，则会束缚企业的发展，造成企业停滞不前。而企业的发展则为个人发展提供条件和舞台，没有企业提供的工作条件，没有企业的经济效益作保障，个人的经济收益就得不到实现和保障，个人的职业发展也就成为空谈。

因此，作为企业的一员，要把个人发展目标与企业战略目标相统一，要以企业战略目标为导向，将"个人奋斗"整合为"共同愿景"。在个人阶段目标不断实现的同时，也不断地向企业的战略目标靠拢，实现企业与个人的互动和共同发展，实现企业和个人的"双赢"。

8.3.2 如何突破职场发展的瓶颈

中职生刚入职场，多是激情满怀，下决心干出一番事业，因此，初入企业那段时间，大多是干劲十足，无论吃多大苦受多大累都毫无怨言，他们中的佼佼者也很快会得到同事的认可、领导的赏识，有的甚至很快被安排到了关键的岗位。但在接下来的一段时间，这些人往往会进入一个平淡期，他们的工作热情减退了，似乎和刚开始工作时判若两人了。究其原因，他们觉得，成功远比当初想象的要艰难得多，自己的工作也远没有当初想象的那样具有趣味性和挑战性，自己每天所做的就是重复那几件事情，或是几个简单动作，自己的发展似乎已到了尽头，再怎么努力也就是这个样子了。这时候，热情消退了，也开始"做一天和尚撞一天钟"，不求进取了。

阅读材料　有科学家做过一个实验，把一只青蛙投进盛满沸水的铁锅里，结果那只青蛙就像被电击了似地跳了出来。接着科学家又把它放进常温的水里，慢慢地加热，当水温升至 70~80 ℃时，青蛙虽然略感觉到外界温度在慢慢变化，却还是没有往外跳，看上去仍显得若无其事，随着水温的上升，那只青蛙变得越来越虚弱，已经无法往外跳，于是在不知不觉中被煮熟了。

放在常温水中的青蛙之所以被煮熟，是因为青蛙体内感应生存威胁的器官只能感应到外部环境的激烈变化，而对于缓慢而渐进的变化却习而不察。

当企业在快速发展，作为企业的员工如果仍然故步自封，不善于学习和创新，只满足于现状，没有危机感，未察觉到缓慢而又渐进的环境变化，最后就会像这只青蛙一样，被

慢慢煮熟，遭到淘汰。

初入职场的中职生由于学历不高，知识储备不充足，缺乏社会经验和工作经验，找到一份称心如意的工作已属不易，而要想在职场中站住脚，并且有所建树，那就更加困难，必须要付出更多的艰辛与努力。因此，职场新手们在"低头拉车"的同时，也要学会"抬头看路"，掌握一些职场取胜的诀窍。

1. 踏实肯干，做一个敬业的员工

"兢兢业业"是对一名优秀员工的评价，也是一种普遍的认可标准。要在职场生存下去，必备的条件之一就是敬业的精神。

一家知名企业的人力资源总监说："职场不可能人人都是精英，我们需要的是大量敬业而忠实的员工。你只要'不骄不躁、谦虚谨慎、勤奋好学、踏踏实实'，那么恭喜你，你完全具备了成为我们企业优秀员工的资格！"这席话，对初入职场的新人来讲，一定会有很多的启发。你可以胜任你的职位，完全可以成为企业的优秀员工，只要你够敬业，向企业展示出你的敬业精神。当然，这种表现不是一天两天的行为，而是坚持不懈的一贯作风！

【温馨提示】

怎样做一个合格的员工？

- 将责任心置于能力前面。
- 熟悉企业规章制度。
- 工作要有好心态。
- 不要只为薪水工作。
- 感受工作带来的幸福。
- 随时注意职业礼仪。
- 要知道节约的都是利润。
- 不找任何借口。

2. 和睦共处，做一个受欢迎的员工

要想在职场中有所成就，靠个人能力以及个人工作成绩的优秀是不够的，还应该善于经营人际关系，学会为人处世，确保自己可以在与同事交往中得到更多的支持。职场友谊是一个容易被人忽略的因素，但在关键时候，这种友谊往往可以起到令人意想不到的作用。搞好职场人际关系，应做到以下方面：

- 融入同事之中。
- 不随意泄露个人隐私。
- 不搬弄是非。

- 低调处理内部纠纷。

- 牢骚怨言远离嘴边。

- 得意之时莫张扬。

- 不私下向上司争宠。

3. 不断进取，做一个有上进心的员工

阅读材料

有两位父亲，一起带着自己的独生子去登山。山高路远，经过一番艰苦的跋涉，终于到达了山顶。疲累之余，他们兴致勃勃地欣赏风景。当他们把目光投向远方时，发现满眼皆是青山，层峦叠嶂，绵延不绝，近的清楚，远的迷蒙。两个独生子都问自己的父亲："山那边有什么？"一个父亲回答孩子说："孩子啊，你不是都看见了吗？山的那边还是山呀！"孩子一听，精神顿时沮丧起来，眼里满是迷茫和畏怯。另一个父亲回答说："孩子啊，山那边你看不到的地方就是大海，广阔无垠的、蓝蓝的大海。等你长大了，翻过了这些山，你就会看到了！"孩子一听，顿时跃跃欲试，眼里满是渴望和信心。三十年后，第二个孩子已是享誉海内外的著名学者，而第一个孩子一无所成。

"山那边有什么？"一个充满希望的问题，两个不同的回答造就了两种截然不同的人生！当我们在人生的山路上昂首前行的时候，到了一个山顶，不要忘了，连绵不断的山那边还有大海在向我们招手！

我们的职场新人，在完成了从在校学生到职场人士的转变，敬业地工作，在企业中占据一席之地后，就应该考虑如何"更上一层楼"的问题了。要成为同行中的佼佼者，单单依靠那点敬业精神是远远不够的，还需要从各个方面提升自己，需要不断学习。既要学习如何做事，也要学习如何做人；既要掌握本行业内的知识和技能，还要了解相关行业的知识和技能。要充分利用各种有效的学习途径，如网络、书籍、培训等，提升自己在操作技能、营销、管理、财务等方面的综合实力。只有争取做到既有良好的沟通能力和表达能力，又有开阔的眼界，同时具备一定的理论修养和实际操作能力，才会在企业中脱颖而出。要具备这些能力，一方面要脚踏实地，一步一个脚印，不能好高骛远、眼高手低；另一方面要有远大理想，志存高远，不能安于平淡。

体验活动

活动 4：挫折承受力测试

挫折承受力是指个体在遭遇挫折时能够忍受和排解挫折的能力，无论是求职择业还是职场生活，都难免会遇到挫折，如何面对挫折，这也是决定中职毕业生能否获得职场成功的一个重要因素。

【目的】

了解并提高自己在面对挫折时的承受能力。

【要求】

根据自己的情况对下面的描述做出选择，符合自己的答"是"，不符合的答"否"。

1. 胜利就是一切。

2. 我基本上算是个幸运儿。

3. 白天工作不顺利，会影响我整个晚上的心情。

4. 一个连续两年都名列最后的球队，应该退出比赛。

5. 我喜欢雨天，因为雨后空气清新、阳光普照。

6. 如果某人擅自动我的东西，我会很生气。

7. 汽车经过时溅了我一身泥水，但我生气一会儿就好了。

8. 只要我继续努力，我就会得到回报。

9. 我常常会被其他人传染上感冒。

10. 如果不是因为几次霉运，我一定比现在好得多。

11. 失败并不可耻。

12. 我是个很有自信心的人。

13. 落在最后，常叫人提不起劲头。

14. 我喜欢冒险。

15. 假期过后，我常常不能马上进入工作状态。

16. 遭遇到的每一次否定，都会使我更接近肯定。

17. 我想我一定受不了被解雇的羞辱。

18. 如果向我所爱的人求婚被拒绝，我一定会崩溃。

19. 过去的错误，我总是难以忘怀。

20. 在我的生活中，常常有些令人沮丧气馁的日子。

21. 负债累累，让我焦虑。

22. 建立新的人际关系对我来说非常容易。

23. 我在星期一很难专心工作。

24. 在我的生命中已经有过失败的教训。

25. 我对别人的看法和态度很敏感。

26. 如果应聘失败，我会继续尝试。

27. 丢了东西，我会整个星期都不安。

28. 我已经达到能够不再介意大多数事情的地步。

29. 想到可能无法按时完成某项重要任务，会让我寝食难安。

30. 我很少为昨天发生的事烦恼。

31. 我很少心灰意冷。

32. 必须要有 50% 以上的把握，我才会做某件事情。

33. 命运对我不公平。

34. 我对他人的不满情绪会持续很久。

35. 聪明的人知道什么时候该放弃。

36. 偶尔做个失败者，我也能接受。

37. 新闻报道中的大灾难，会让我心神不宁。

38. 任何否定和阻碍，都会让我产生不良情绪。

总　　结

由中职学生到职业人，这是人生的一次蜕变，要为自己寻找一个展示自我的舞台，为梦想筑巢。

不管之前的路走得多么一帆风顺，从这一刻起，要做好吃苦的准备，要有"空杯"的心态。因为生活的路，总是以曲折的姿势向前延伸的，决定事业成功与否的关键在于人的意志品质，而要想在竞争如此激烈的环境下取得职场成功则更需要坚强的意志。要知道失败只是暂时的，而竞争则是终身的。为此，我们的职业生涯不要指望一步登天，在就业前就应该做好经受挫折的心理准备。美国的成功学大师安东尼·罗宾斯曾经提出过一个成功的万能公式：成功＝明确目标＋详细计划＋马上行动＋检查修正＋坚持到底，如图 8-4 所示。

图 8-4　安东尼·罗宾斯成功的万能公式

因此，无论遇到怎样的挫折和失败，首先应该保持冷静，坦然面对；其次要认真查找原因，合理归因，千万不能悲观失望、自暴自弃或怨天尤人，而要以积极的态度和稳妥的办法加以改进、总结经验，也只有这样，才会有成功的机会。

"自信人生二百年，会当水击三千里。"作为 21 世纪的新青年，我们中职生要敢于战胜自我，不断超越自我，以职场为人生的舞台，在实现个人抱负的同时，更积极主动地为社会服务，为国家和社会做出贡献，将自己的职业理想和社会理想紧密结合，在实现自我价值的同时，实现自己的社会价值，进而实现自己的崇高理想！

参 考 文 献

1. 曾文祺. 专业的善良 ［M］. 杭州：浙江人民出版社，2005.

2. 宋红超. 士兵精神 ［M］. 哈尔滨：哈尔滨出版社，2008.

3. 陈春花. 企业文化 ［M］. 北京：机械工业出版社，2009.

4. 舒庆. 做好员工的艺术 ［M］. 北京：中国经济出版社，2009.

5. 卡劳，戴明. 客户服务游戏 ［M］. 李炜，译. 上海：上海科学技术出版社，2003.

6. 邓丽萍. 礼仪与生活 ［M］. 上海：华东师范大学出版社，2009.

7. 连彬. 旅游公关技巧 ［M］. 北京：中国劳动社会保障出版社，2005.

8. 李燕山. 全聚德的故事 ［M］. 北京：燕山出版社，2007.

9. 罗森柏斯，彼得斯. 顾客第二 ［M］. 刘震，译. 北京：中信出版社，2003.

10. 戴斌. 旅行社经营管理 ［M］. 北京：旅游教育出版社，2005.

11. 刘光明. 企业文化案例 ［M］. 北京：经济管理出版社，2003.

12. 孙健. 海尔的人力资源管理 ［M］. 北京：企业管理出版社，2002.

13. 胡泳. 张瑞敏谈管理 ［M］. 杭州：浙江人民出版社，2007.

14. 胡泳. 海尔的高度 ［M］. 杭州：浙江人民出版社，2008.

15. 侯丽萍，张慧全. 高职大学生心理健康与自我调适 ［M］. 北京：中国轻工业出版社，2007.

16. 徐骏，程良越. 中职生职业生涯辅导与能力训练 ［M］. 武汉：武汉出版社，2007.

郑重声明

高等教育出版社依法对本书享有专有出版权。任何未经许可的复制、销售行为均违反《中华人民共和国著作权法》，其行为人将承担相应的民事责任和行政责任；构成犯罪的，将被依法追究刑事责任。为了维护市场秩序，保护读者的合法权益，避免读者误用盗版书造成不良后果，我社将配合行政执法部门和司法机关对违法犯罪的单位和个人进行严厉打击。社会各界人士如发现上述侵权行为，希望及时举报，我社将奖励举报有功人员。

反盗版举报电话　　（010）58581999　58582371

反盗版举报邮箱　dd@hep.com.cn

通信地址　北京市西城区德外大街4号　高等教育出版社法律事务部

邮政编码　100120

读者意见反馈

为收集对教材的意见建议，进一步完善教材编写并做好服务工作，读者可将对本教材的意见建议通过如下渠道反馈至我社。

咨询电话　400-810-0598

反馈邮箱　zz_dzyj@pub.hep.cn

通信地址　北京市朝阳区惠新东街4号富盛大厦1座

　　　　　高等教育出版社总编辑办公室

邮政编码　100029

防伪查询说明

用户购书后刮开封底防伪涂层，使用手机微信等软件扫描二维码，会跳转至防伪查询网页，获得所购图书详细信息。

防伪客服电话

（010）58582300

学习卡账号使用说明

一、注册/登录

访问http://abook.hep.com.cn/sve，点击"注册"，在注册页面输入用户名、密码及常用的邮箱进行注册。已注册的用户直接输入用户名和密码登录即可进入"我的课程"页面。

二、课程绑定

点击"我的课程"页面右上方"绑定课程"，在"明码"框中正确输入教材封底防伪标签上的20位数字，点击"确定"完成课程绑定。

三、访问课程

在"正在学习"列表中选择已绑定的课程，点击"进入课程"即可浏览或下载与本书配套的课程资源。刚绑定的课程请在"申请学习"列表中选择相应课程并点击"进入课程"。

如有账号问题，请发邮件至：4a_admin_zz@pub.hep.cn。